KB057720

보훈복지,
정책과 실천

보훈공단
보훈교육연구원
보훈문화총서
10

보훈복지,
정책과 실천

보훈교육연구원 기획

윤승비 황미경 김종우 강영숙 변해영 지음

보훈복지의 실천, 현재를 점검하고 미래를 그려 본다

　사회복지 실천은 사회복지 정책과 제도에서 전개되는 체계적 실천 행위를 의미하며, 주로 사회복지의 기술론적 입장을 강조하고 있다. 사회복지 실천은 사회의 각 영역에서 실천되고 있는 개별지도, 집단지도, 지역사회 조직 등의 전문화된 방법들로 구성되어 있고, 보훈대상자별 특성을 반영하는 보훈복지 관련 사업에도 깊이 내재되어 있다. 특히, 보훈대상자에 대한 예우와 보상을 구현하기 위한 정책들을 실현하는 제도적 과정에 널리 활용되고 보훈복지 정책을 보훈대상자의 삶에 실제로 구현해 내는 것이 보훈복지 실천인 것이다.

　이때 크게 두 가지 사실이 중요하다. 첫째는 국가적 차원에서 사회복지의 수준과 영역이 확대되고 있으며, 둘째는 보훈대상자가 대체로 고령층이라는 사실이다. 국가적 차원에서 사회복지가 발달하는 그 이상으로 보훈 관련 복지의 분야도 새로운 변화를 이루어 내야 한다. 실제로 보훈대상자의 평균연령이 73세나 되는 만큼 의료를 포함한 복지에 대한 요구와 수요도 증가하고 있으며, 세분화된 복지 시스템과 통합적인 연계 서비스가 이루어져야 한다는 목소리도 높아지고 있다.

  이 책은 모두 다섯 개 장으로 구성되어 있다. 1장에서는 보훈복지 정책과 실천의 역사, 윤리와 인권을 중심으로 복지의 실천적 가치에 대한 이해를 도모한다. 2장에서는 보훈복지 관련 사업기관의 현주소, 보훈대상자별 복지사업의 현황 및 서비스 지원 상황 등을 상세하게 소개하고, 보훈복지가 통합적으로 실천될 수 있도록 하기 위한 방안을 제시한다. 3장에서는 보훈 관련 공공의료기관에서 보훈대상자에게 행해지는 복지사업과 연계 서비스를 소개하고, 대상자별 공공의료와 복지 지원이 원활하게 이루어지도록 하기 위해 개선해야 할 부분을 제시한다. 이어서 4장에서는 국가보훈처와 각 보훈지청에서 진행하고 있는 지역사회 중심의 복지사업을 소개하고, 지역사회의 공동체 형성을 위한 방향을 제시하며, 5장에서는 보훈복지 관련 정책과 실천을 위한 좀 더 거시적인 방향과 과제를 제시한다.

2021년은 국가보훈처 창설 60주년, 한국보훈복지의료공단 창립 40주년이 되는 해였다. 국가적 차원의 사회복지가 미약하던 시기에 도입된 보훈복지 정책이 이후 지속적으로 확대되어 온 역사를 돌아보면서, 오늘보다 더 발전하게 될 보훈복지의 미래를 그려 본다.

2021년 12월

윤승비

보훈복지, 정책과 실천

I. 보훈복지, 정책과 실천의 이해

윤승비_ 보훈교육연구원

1. 보훈복지의 역사

보훈복지 실천의 역사는 국가보훈의 패러다임의 변화와 함께 했다. 우리나라 국가보훈처는 1950년 이후에 한국전쟁에 공헌한 이들을 위한 원호사업을 시작으로 보훈 정책의 첫 출발을 알렸다. 국가사회복지제도가 발달되지 못했던 6·25전쟁 이후 국가는 원호(오늘의 보훈) 제도를 통해 '국가를 위하여 공헌하거나 희생한 자와 그 유가족'을 대상으로 다양한 복지정책을 펼쳐 왔다. 근대 한국의 보훈 제도는 보훈대상자에 대한 최소한도의 생계 지원을 위한 '원호' 시책으로 시작되었으나, 이후 공훈 선양, 민족정기 고양, 국가 통합 및 공동체의 진화로 확장되어 왔다.

1961년 국립원호병원이 설립되어 상이군경들을 위한 의료 지원 서비스를 진행해 오다가, 1974년 종합병원으로 개편하면서 다양한 의료적 욕구를 더 충족시킬 수 있는 종합사회사업 서비스로 발전되어 왔다. 1963년 1월에 개원한 종합원호원(오늘의 보훈원)은 국가유공자 및 유족의 양로 보호, 국가유공자 미성년 자녀의 양육 보호 등을 수행하는 유일한 보훈복지시설이었다. 사회복지가 발달되지 않았던 당시, 유일한 보훈복지시설인 종합원호원은 지금의 눈으로 보면 여러 가지로 매우 미흡한 상태였다.

우리나라 보훈복지 실천의 역사는 원호와 보상, 예우와 문화 등의 영역에서 변화 및 발전되어 왔다. 원호의 이념은 우리나라 보훈복지 초창기라고 할 수 있는 60년대에서 70년대까지 한국전쟁에서 공헌한 보훈대상자들을 위하여 생계안정용 연금을 지급하면서 형성되기 시작했다고 할 수 있다. 그러다가 1980년대에 들어, 보훈복지에서 보상 수준이 조정되고 보상급여체계가 안정되어 가면서, 보훈대상자들의 요구도 생계 유지에서 생계 안정으로 변화했다. 하지만 일반 국민에 비해 보훈대상자의 고령화율이 월등하게 높아 고령층 보훈대상자에 대한 복지 지원이 더 체계적으로 강화되어야 한다는 문제의식도 새롭게 등장하게 되었다. 1980년대만 하더라도 전국에 분산되어 있는 노인 보훈대상자의 병원 치료와 요양 등의 수요를 충족할 만큼의 병원 및 요양 시설이 갖추어지지 않았다.

1984년에는 국가보훈과 관련된 법령을 개정하여 '보훈사업'이라고 명칭을 변경함으로써 국가보훈에 대한 국민의 생각을 대대적으로 변화시켰다. 그 뒤 국가를 위해 헌신한 유공자의 희생과 공헌에 걸맞은 대우를 위해 유공자를 단순히 국가로부터의 보조적 지원을 받는 수동적 존재가 아닌, 자발적으로 국가를 위해 공헌한 주체자로 예우하는 적극적 정책으로 전환되었다.

그런 상황에서 보훈대상자 중 노인 비율이 증가하자 권역별 보훈대상자의 편의를 도모해야 한다는 문제의식이 생겼고, 그에 따라 광주, 대구, 대전에 보훈병원을 추가로 개원하게 되었다. 이와 함께 1990년대에는 노인 보훈대상자의 노후 생활과 휴양을 지원하기 위한 보훈복지타운이 수원에 설립되었고, 이어 충주에 보훈휴양원을 개원하였다. 그 뒤로도 보훈복지의 수준은 높아졌지만, 국가 경제의 지속적 발전에 따른 국가 전반의 사회보장 정책에는 미치지 못하는 경향이 있었다.

사회복지제도가 발전하고 인구가 고령화되면서 보훈대상자의 환경과 보훈복지 서비스도 그에 어울리게 더 변화해야 한다는 문제의식도 커졌다. 이런 배경하에서 노인 보훈대상자에 대한 노후복지정책이 수립되었고, 2003년부터는 자원봉사자를 활용해 지역에 거주하고 있는 보훈대상자의 가사 지원 위주의 봉사를 시작하였다. 많은 지역봉사자들의 자발적인 참여로 노인 보훈대상자의 일상생활을 지원하고 불편을 덜어 주었다.

2005년에는 보훈도우미 제도가 운영되면서 노인 보훈대상자에 대한 사회복지 서비스가 본격적인 재가복지 서비스 영역으로 확장되었다. 그리고 2008년에는 장기요양보험제도가 시행되면서 보훈대상자를 위한 요양 시설이 광역시를 중심으로 잇달아 설립되었다. 가장 먼저 수원시와 광주광역시에 보훈요양원이 개원되어, 혼자서 거동하기 힘들거나 불편한 노인 보훈대상자들의 요양 및 재활, 돌봄, 일상생활 등을 지원하게 되었다. 보훈대상자들의 생활도 점차 안정되고, 삶의 질 향상에 대한 관심도 높아지게 되었으며, 보훈복지 서비스 수요도 그만큼 더 증가하였다.

이렇게 산업화와 민주화를 거치면서 우리 사회의 복지문화는 보편적인 생활문화로 자리매김하였고, 국가는 보훈대상자에 대해 '가료보호 및 의학적·정신적 재활과 진료, 직업재활교육, 무의탁 양육·양로 보훈대상자 지원, 보훈대상자 단체의 지원, 보훈복지시설의 운영, 보훈대상자 및 그 자녀의 학비 지원' 등 다양한 차원에서 지원을 확대해 나갔다. 그러나 국가와 사회 전체적으로 볼 때도 그렇고, 아직도 국가의 보훈 정책과 사회복지 정책에는 사각지대가 있으며 그 속에서 생활고를 겪는 보훈대상자들이 다수 존재한다.

예우의 이념은 우리나라 보훈복지의 성숙기라고 보는 1995년 이후에 대한민국 독립을 위하여 헌신한 보훈복지 대상자를 중심으로 공훈 선양사업을 확대하면서 실현되기 시작하였다. 보훈복지 대상자에 대한 보상뿐만 아니라 정신적인 예우가 중요하다고 생각하고 국가유공자 호칭 및 선양과 추모 사업 활성화를 추진하였다.

보훈을 문화의 차원에서 생각하게 되었다는 것은 우리나라 보훈복지가 심화기에 접어들었다는 뜻이기도 하다. 2000년 이후부터는 한국의 독립과 국토 수호 외에 민주화운동 등의 정신 가치가 보훈대상으로 확산되어 갔다. 국가보훈처는 보훈복지대상자뿐만 아니라 온 국민이 나라 사랑하는 마음을 갖도록 하기 위한 정신운동의 확산에 초점을 두었다. 보훈대상자의 생계 지원을 위한 제도가 국가유공자를 위한 예우 제도로 개편되면서, 전담 부서인 국가보훈처에도 새로운 의미가 부여되었다. 관련 법령도 국가에 공헌하거나 희생한 국가유공자와 유족을 위하여 국가는 충분한 예우를 조치해야 한다는 데 목적을 두었다.

다가오는 미래를 향하여 더욱더 이상적이고 바람직한 보훈복지 실천을 지속할 수 있도록 우리나라 보훈복지 정책에 대한 개선 방안을 제시할 다각적인 연구와 추진이 필요하다. 이때 보훈복지 대상과 보훈복지 보상의 수준을 결정하는 정책 수립 과정에서 형평성과 공정성의 원칙을 준수하는 것이 바람직하다.

2. 보훈복지의 실천적 윤리와 인권

윤리(ethics)의 의미는 '사회적 의식의 한 형태로 인간이 마땅히 따라야 하는 규범의 총체이며, 가치에서 비롯되나 무엇이 옳고 그른지를 판단하여 주는 도덕적 지침'이다. 윤리는 올바르고 정확한 것에 대한 관심을 기반으로 그에 어울리는 행동으로 표현되며, 규범적 사회 태도와 상호적 인간관계 속에서 드러난다.

인권(human rights)의 의미는 '인간이 인간답게 살아가기 위해 누구나 마땅히 누려야 하는 근본적이고 도덕적인 권리와 법적 권리'이다. 인권은 보편적 도덕규범에 의하여 누구든지 마땅히 승인하여야 할 권리이며, 인권의 근거 또는 원천은 인간의 존엄성이다. 인간의 존엄성은 인간으로 태어났다는 사실 외에 어떤 조건이나 사회적 신분과 능력은 불필요하다.

보훈복지의 실천이 윤리적이 되기 위해서는 사회복지사의 가치관, 사회복지 대상자와 동료 사회복지사의 생각들 사이에 발생하는 공통점과 차이점을 체계적으로 확인해야 하며, 윤리적인 갈등을 이해하고 대응할 능력을 배양해야 한다. 또한, 각자의 가치관 속에서 관계를 정립하거나 위계질서를 설정하기 위해, 현시대의 사회복지 환경에서 주류적인 가치가 얼마만큼이나 정당한지와 시대적인 흐름에 합당한 가치인가에 스스로의 해답을 찾아가는 것도 중요하다. 이는 사회복지 전문가로서의 역량을 고취시키기 위해서도 필요하며, 그런 점에서 사회복지 실천은 인간의 존엄한 상태를 최대한 실현하기 위하여 개인과 사회의 다양한 문제를 해결할 능력을 갖춘 전문적이고 제도적인 개입을 의미한다.

사회복지의 근간과 목적은 인간의 존엄성에 있기 때문에 사회복지는 우리 사회에서 다양하게 발생하는 빈곤과 차별, 가족과 질병, 노동과 교육, 자유와 억압, 폭력과 학대 등의 인권에 관한 모든 문제에서 자유로울 수 없다.

사회복지 실천의 원리에는 인간 존중의 사상이 존재한다. 사회복지의 이론을 살펴봐도 사회복지 실천의 가치와 윤리가 있으며, 사회복지는 윤리를 실천하고 인권을 보호하고 촉진해야 한다. 인권 활동을 통해서도 사회복지 실천의 정당성을 확보할 수 있으며 동기를 강화하며 구현할 수 있다.

사회복지 대상자의 자기결정과 수용, 비심판적인 태도와 비밀의 보장 등은 인권을 존중하는 기본 원칙에서 동일하게 출발한 것임을 우리는 이미 잘 알고 있다. 사회복지가 일반 국민들에게 기본적인 복지 서비스를 지원한다면, 보훈복지는 윤리적 차원의 보상을 의미한다. 보훈복지는 '영예로운 생활의 유지 보장, 최소한의 문화생활 영위 수준, 공동체의 존립 기여 공로를 인정하여 생존권 보장을 초월한 윤리적 차원의 보상'을 중요시하고 있는 것이다.

따라서 보훈복지는 '경제적 지원으로 끝나는 것이 아니라, 보훈대상자들의 명예와 예우를 통해 국가와 사회에 애국심을 고취하고 국민 통합을 실현하는 매개체'로 보아야 한다.

2019년도 이동보훈복지사업(BOVIS) 지침에는 보훈복지사 교육과정으로 사회복지 윤리와 가치 과정에서 '사회복지 윤리와 가치의 기초, 사회복지의 실천 가치와 윤리적 원칙, 사회복지 전문직과 윤리, 윤리적 갈등과 의사결정, 윤리적 쟁점과 의사결정, 국제사회와 사회복지 윤리'를 교육하도록 지정하였다.

보훈섬김이 양성 교육에서는 노인 학대 예방과 요양보호사의 직업윤리 과정이 운영되는데, 여기에서는 '노인의 인권 및 학대 예방, 요양보호사 직업윤리 및 윤리강령, 요양보호사 직업적 태도' 등의 교육을 받아야 한다. 또한 보훈섬김이는 '대상자로부터 인권침해를 당하지 않도록 보호받을 권리'가 있다.

보훈복지대상자가 보훈재가복지 서비스를 이용하려면 "보훈섬김이의 인격을 존중하고, 수치심을 유발하는 폭언, 폭행, 성희롱 등 비윤리적인 행위를 하지 않습니다.'라는 동의를 제출해야 한다. 보훈재가복지 서비스의 품질을 향상시키려면 복지 인력의 처우 개선, 역량 강화 및 성희롱·성폭력 예방 등 인권 보호 강화와 함께 가야 하는 것이다.

보훈복지 인력이 성희롱과 성폭력 같은 피해를 줄이거나 예방할 수 있도록 보훈 관련 기관에서는 성고충 전담자를 지정 운영하기도 한다. 「국가보훈처 성희롱·성폭력 예방 지침」 제5조 전담관의 업무 중 '복지 인력 대상 일부 업무를 분담하여 피해자 상담 및 전문가 지원, 사건 접수 및 처리, 피해자의 보호와 예방을 위한 사전 교육' 등, 기관 전담관이 성희롱·성폭력을 예방하는 총괄 업무 범위에 복지 인력이 누락되지 않도록 협업 체계를 구성하여 운영하고 있다. 때로는 인권이 법이나 정치의 영역으로 간주되기도 하고, 상당 부분 이념과 정파의 문제를 내포하고 있는 것으로 여겨지기도 했다. 그러나 인권은 말 그대로 인간으로

서의 권리에 관한 것이기에 특정 이념이나 정파에 의해 그 중요성이 달리 다루어져야 할 대상이 아니다.

최근에 들어와서 인권에 대한 관심이 높아 가고 있으며, 이제는 더 이상 낯선 용어가 아닌 일상의 용어로 받아들여지고 있다. 특히 2004년 호주 세계사회복지대회에서 인권을 강조하는 내용으로 윤리강령을 발표한 이후로는 사회복지 분야에서도 인권의 이슈에 관해 적극적으로 반응하기 시작하였다.

미국은 2008년에 사회복지교육협의회에서 인권과 정의를 사회복지학 교육의 주요 목표로 포함시킬 것을 조건으로 요구하고 있다. 그만큼 윤리가 제공자에 대한 실천 지침이라면, 인권은 제공자와 사용자 모두에 대한 지침이라고 볼 수 있다.

윤리는 사회복지사에게 사회복지 실천을 어떻게 윤리적·도덕적으로 제공해야 하는지를 알려 주는 길잡이 역할을 하는 데 비해, 인권은 제공자와 사용자의 구분조차 하지 않는다.

제공자가 범할 수 있는 인간 존엄성을 해치는 문제, 그래서 사용자가 일방적으로 당할 수 있는 인간 존엄성 침해의 문제 등에 관해 양측이 정확하게 이해하고 민감하게 인지하고 있어야 한다고 강조한다. 윤리와 인권은 공히 인간 존엄을 기본 가치로 두고 있다는 점에서 외연(일정한 개념이 적용되는 사물의 전 범위)과 내포

(개념이 적용되는 범위에 속하는 여러 사물이 공통으로 지니는 필연적 성질의 전체)는 동형적이라고 볼 수 있다.

3. 보훈복지 실천의 가치

2021년 정부는 국민의 편익 증진과 선도적 보훈복지 서비스 제공을 위해, 5개 지방보훈청에 근무할 인력을 충원하여 보훈심사, 실시간 병적기록 확인 및 분석, 노무관리 관련 개선 업무를 담당하도록 배치하였다. 보훈복지 서비스 실천을 향해 달려온 60년의 기간, 그동안 실천 현장에서 보훈대상자를 위한 서비스의 질적 향상을 위해 수많은 실천적 행동을 행해 왔다.

대표적인 국가보훈처의 실천 서비스인 보비스(BOVIS) 제도도 이미 2007년에 선포되었다. 보비스 제도는 국가유공자의 안락하고 건강한 노후 생활을 위해, 지역사회의 복지 서비스 네트워크와 연계하여 국가유공자의 가정을 직접 방문하여 지원하는 보훈복지 이동 서비스로서, 노인복지 서비스와 이동복지 서비스를 연계한 우리나라 국가보훈처의 대표적인 보훈복지 실천 서비스이다.

보비스의 대상은 65세 이상의 국가 유공 관련 보훈대상자이다. 보훈복지 서비스를 제공하기 위한 1,500여 명의 보훈복지 관련 인력이 재가복지 서비스와 이동복지 서비스 등을 지원한다. 보훈복지사는 보훈복지에 대한 서비스 계획을 수립하고, 보훈섬김이 인력을 배치하고 관리한다. 보훈섬김이는 보훈대상자를 위하여 가사 지원 활동과 건강관리 활동 그리고 정서 지원 활동을 수행한다. 또한 보비스 요원은 거동이 불편한 보훈대상자들이 편안하게 이동할 수 있게 지원한다.

이들의 활동상에 대해 온라인, 오프라인에서 홍보가 이루어지고 있고, 재가복지 대상자 발굴도 적극적으로 하고 있어서, 이들을 통해 더 따뜻한 보훈복지 서비스가 이루어질 것으로 기대되고 있다. 따뜻한 보훈복지 서비스의 실천은 사회복지 실천의 가치를 기반으로 해야 지속적인 추진이 가능하다.

사회복지 실천의 가치에는 '인간의 존엄성, 인간의 자율성, 기회의 균등성, 사회적 책임성, 개인의 가치와 존엄성, 개인에 대한 존경, 개인의 변화 가능성, 클라이언트의 자기결정권, 비밀보장, 사생활 보장, 적절한 자원과 서비스 제공, 역량강화, 동등한 기회 보장, 비차별성, 다양성 존중' 등이 있다. 가치는 "믿음과 같은 것으로 좋고 바람직한 것에 대한 지침이며 적합한 행동의 선택에 대한 지침이다." 그래서 가치는 각자 개인의 믿음이라고 할 수 있다.

사회복지의 실천은 '사람 우선 가치, 결과 우선 가치, 수단 우선 가치'라는 세 가지 가치로 구분된다.

여기서 사람 우선의 가치는 '전문직 수행의 대상인 사람 자체에 대해 전문직이 갖추고 있어야 할 기본적 가치관'이다. 복지 대상자를 개별화된 한 인간으로 대우하고 능력과 권한을 인정하는 가치관이며 사회복지 실천의 기본 철학과 같다.

결과 우선의 가치는 '사람에 대해 서비스를 제공했을 때 초래하는 결과에 대한 가치관'이다. 사회가 각 개인의 발전을 위하여 사회참여 기회를 동등하게 제공하는 사회적 책임에 대한 믿음이다.

수단 우선의 가치는 '서비스를 수행하는 방법 및 수단과 도구에 대한 가치관'이다. 특히, 국가를 위해 희생하고 공헌한 사람은 존엄과 존경의 대상으로 보아야 하며, 자기결정의 권리가 있는 자로서, 사회적 변화에 동참하도록 격려해 줘야 하며, 특별한 사람으로 대우받아야 한다는 믿음이다. 사람의 자율성으로 해석될 수 있는 수단 우선의 가치는 사회복지 실천의 매우 중요한 가치이다.

보훈복지사도 사회복지사와 같은 가치관을 갖고 모든 사람들을 존엄과 존경으로 보아야 하고, 그들이 삶의 방향을 결정하는 데 최대한의 기회를 가질 수 있도록 하고, 삶의 욕구에 대해서도 여러 사람과 상호적인 작용을 할 수 있도록 해야 한다. 보훈복지도 사회복지와 마찬가지로 가치를 기반으로 동기화 또는 기능화 되어야 한다. 사람에 관련된 그리고 사람을 대응하는 방법이 적절한지 물으면서 선하고 바람직한 행동으로 이어 가야 한다.

　　가치는 복지 전문가들이 어떤 목표를 추구해야 하는지 그 방향을 제시해 준다. 최고의 가치는 지금보다 나은 무엇인가와 관련이 있다는 인식으로 이끈다.

　　복지 서비스를 실천하기 위해서는 사람에 대한 확고한 신념과 신뢰를 가장 기본적인 가치로 보아야 할 것이며, 모든 사람을 가치 있는 존재로서 인정하면서 아름답고 따뜻한 복지 서비스가 제공되도록 해야 한다.

　　복지 대상자는 각종의 문제를 안고 있다. 실천 현장에서 접하게 되는 각종 문제, 즉 공격적으로 행동하거나, 부정직한 일탈적 행동, 불성실과 자기 파괴적 행동 때문에 사람을 가치 있는 존재로 대접하거나 자기결정의 권리자로 수용하기가 용이한 일이 아니다.

악한 본성을 지닌 존재로 보아야 할 것인가 하는 의문과 착각이 생겨날 수도 있다.

그러나 아무리 좋은 사람도 가시덤불 같은 험난한 환경에서는 올바로 성장할 수 없는 것처럼, 사람답게 사람이 생존하기 위해서는 적절한 물질과 정신이 함께하는 사회적인 제반 환경과 상황을 갖추어야 한다.

이런 맥락에서 보훈복지도 사람을 존엄한 가치의 존재로 인식하고 실천하면서 보훈복지 대상자의 공헌과 희생을 늘 염두에 두어야 하는 것이다. 이를 위해 우선 일반 사회복지 실천 서비스에 플러스된 특별한 예우와 보상으로 보훈복지 대상자의 노후의 삶이 영예롭고 평안할 수 있도록 해야 한다. 또한 보훈복지 대상자의 특성에 부합하는 보훈복지 서비스가 이루어지도록 해야 한다. 이와 동시에 또는 이를 위하여 보훈복지 실천 현장에서 일하는 분들의 자발적이고 능동적인 실천 행동에 동기를 부여하기 위한 처우 개선이 필요하다.

보훈복지 서비스를 제공하는 국가와 민간 기관의 운영 현황을 재검토하고, 국가를 위하여 헌신한 보훈대상자의 명예와 사기를 높이는 예우를 정책적으로 공정하게 집행하며, 합리적인 보훈복지 보상 체계를 형성하여, 보훈 정책이 주도하고자 하는 복지 지원 및 서비스가 정확하게 전달되도록 해야 한다. 보훈복지의 실천은 대한민국의 오늘이 있기까지 목숨과 일생을 바친 이들의 헌신과 희생에 보답하고, 유족의 생활 안정까지 지원해야 하는 가장 기본적이고 중요한 과업이다. 이러한 중차대한 과제를 사회복지 실천의 가치와 병행하며 충실하게 추진해야 할 것이다.

Ⅱ. 보훈복지의 통합적 실천

황미경_ 서울기독대학교

김종우_ 서정대학교

1. 보훈복지의 통합과 평생사회안전망

　보훈은 국민 통합과 사회 통합의 상징적 기제로 국가의 보훈 정책은 보훈복지사업으로 발전되어 왔다. 보훈대상자를 예우하고 최대한의 복지를 보장해야 하는 국가는 보훈대상자에 대한 신체적·정신적 보상, 국민의 보훈의식 고취, 과거와 현재, 미래를 연결하는 새로운 보훈문화 창달을 위한 선제적 책무가 있다.

　국가보훈처는 최근 '보상에서 복지로'라는 슬로건으로 정책의 방향성을 확장하였다. 국가보훈 정책은 84만여 명의 보훈대상자를 연간 5조 8,350억 원의 예산(2021년 기준)으로 보살피는 복지 정책으로 나타나고, 국가에 대한 희생과 공헌에 보상한다는 원리에 따라 국가유공자 등에 대한 예우와 지원 정책과 제도를 통하여 사회 통합의 가치를 실현하고 승화시킨다.

　사회보장제도에서 우선적인 정책 대상인 국가유공자의 희생과 공헌에 대한 '보상'의 원리는 '보충성'과 구별되는 개념으로, 국가유공자에 대한 예우와 삶의 질 향상을 위한 노력으로 발전되어 왔다.(황미경, 2020) 사회복지 정책의 대상은 보편주의와 선별주의의 논의에서 좀 더 상세한 사회적 할당의 원칙(social allocation)으로 제시되는데 할당의 원리에서 국가유공자에 대한 '보상'과 '진단'은 진단에 의한 개별적 보상에 머물지 않고 제도적 차원으로 강화되고 있다.(이혜경, 2009; N. Gilbert and H. Specht)

즉, 복지의 대상은 국가에서 보상을 해 주어야 하는 사람, 신체와 정서적 영역에 대하여 전문가의 진단에 따른 차등(diagnostic differentiation)에 따라 자격이 부여되는 사람, 나이와 성별에 따라 보편적으로 수급자가 되는 귀속적 욕구 집단, 재산과 소득, 부채 등의 자산조사를 통하여 부여되는 자격 등으로 구분되고, 복지 정책과 법령을 마련할 때에 국가와 지방자치단체에서는 국가보훈대상자를 우선적으로 배려해야 하는 의무가 있다.(「국가보훈기본법」 제5조)

「국가보훈기본법」의 목적은 '국가보훈(國家報勳)에 관한 기본적인 사항을 정함으로써 국가를 위하여 희생하거나 공헌한 사람의 숭고한 정신을 선양(宣揚)하고 그와 그 유족 또는 가족의 영예로운 삶과 복지 향상을 도모하며 나아가 국민의 나라 사랑정신 함양에 이바지함'을 목적으로 한다. 또 '대한민국의 오늘은 국가를 위하여 희생하거나 공헌한 분들의 숭고한 정신으로 이룩된 것이므로 우리와 우리의 후손들이 그 정신을 기억하고 선양하며, 이를 정신적 토대로 삼아 국민 통합과 국가 발전에 기여하는 것'이라고 명시하였다.

또한 「국가유공자 등 예우 및 지원에 관한 법률」(이하 「국가유공자법」)의 목적은 '국가를 위하여 희생하거나 공헌한 국가유공자, 그 유족 또는 가족을 합당하게 예우(禮遇)하고 지원함으로써 이들의 생활 안정과 복지 향상을 도모하고 국민의 애국정신을 기르는 데에 이바지'하는 데 있으며(「국가유공자법」 제1조), 예우의 기본 이념(국가유공자법 제1조)은 '대한민국의 오늘은 온 국민의 애국정신을 바탕으로 전몰군경(戰歿軍警)과 전상군경(戰傷軍警)을 비롯한 국가유공자의 희생과 공헌 위에 이룩된 것이므로 이러한 희생과 공헌이 우리와 우리의 자손들에게 숭고한 애국정신의 귀감(龜鑑)으로서 항구적으로 존중되고, 그 희생과 공헌의 정도에 상응하여 국가유공자와 그 유족의 영예(榮譽)로운 생활이 유지·보장되도록 실질적인 보상'을 하도록 하는 데 있다고 규정하고 있다. 예우의 목적과 기본 이념에서 합당한 예우, 복지 향상, 영예로운 생활의 보장, 실질적인 보상을 강조하고 있는 것이다.

그런데 희생과 공헌에 대한 보상이 실현되는 사회보장 체계에서 국가를 위하여 희생하거나 공헌한 국가유공자에 대한 예우는 적절하게 이루어지는지, 국가유공자들은 과연 합당한 예우를 체감하고 있는지를 성찰해 볼 필요가 있다. 여러 국가의 보훈 정책에서 국가를 위하여 희생하거나 공헌한 분들의 숭고한 정신을 기억하고 선양하려는 정신은 공통적으로 나타나는데, 대체로 보훈보상 제도는 신체적 손상의 정도로 등급이 구분되는 보상 체계로 나타난다.

미국에서는 1930년대부터 전쟁으로 인해 다치거나 사망한 군인에게 훈장을 수여하고 특권을 부여하였다. 그런데 이라크와 아프가니스탄 전쟁 참전 이후 '외상 후 스트레스 장애'로 인한 악몽, 우울증과 자살에 이르는 재향군인의 정신적인 손상에 대해서는 논쟁도 있어 왔다. 상이군인 훈장 수여의 대상은 신체 손상을 입은 군인으로 한정되고, 정신적 문제로 고통받는 사람은 국가로부터 치료와 보상금을 지원받을 수는 있지만 훈장은 제외된다는 국방부의 결정에 대해 논란이 생기면서 명료한 해결책이 제시되지 못하였다.

한편 우리 사회에서 온라인상에서 접하게 되었던 유공자 논란은 지뢰 폭발로 손가락을 잃어 공상을 당한 군인이 국가유공자 신청을 했지만 손가락 끝마디가 잘린 정도로는 생업에 지장이 크지 않다는 이유로 받아들여지지 않은 사례가 있다. 보상을 해 줄 만큼 크게 다치지 않았다는 이유에서였다. 그러나 공상을 입은 병사는 지뢰 폭발로 충격을 받은 이후 작은 소리에도 깜짝 놀라게 되는 정신적인 스트레스로 고통을 받는다는 내용에서 보듯이, 정신적인 손상을 신체의 손상과 같은 수준에서 보상하기 위해 객관성을 확보하는 노력은 아직까지 중요한 과제로 남아 있다.

국가유공자에게 적용되는 복지제도는 국가를 수호한 헌신에 대한 보상과 국가안보의 보장을 의미하므로 국민적 지지를 받는 사안이다. 그러므로 국가유공자에 대한 신체적·정신적 보상 모두가 국민적 공감을 얻고 유공자들이 복지 사각지대에 처하지 않도록 명예를 지켜 주면서 건강한 삶을 영위할 수 있는 평생복지를 보장해야 한다. 아울러 보편성의 사회 서비스 체계에서 국가유공자의 고령화 추세에 대응하여 생애 말기까지 지원할 수 있는 보훈복지의료 부문의 통합과 지역 거버넌스 중심의 맞춤형 돌봄 정책의 모형을 개발해야 하는 과제가 있다.(황미경, 2021)

이 글에서는 커뮤니티 케어 체계에서 재활과 돌봄의 욕구를 포괄한 맞춤형 돌봄 서비스를 제공할 수 있는 보훈복지의료 통합 인프라를 구축하기 위하여 보훈복지의료 사업 현황을 고찰하고, 우선적인 사회 서비스 대상인 국가보훈대상자의 보훈급여, 의료, 재활, 요양, 돌봄 욕구를 포괄하는 맞춤형 돌봄과 평생 사회안전망 구축에 의한 선제 보훈을 강화해야 한다는 내용으로 이어가도록 하겠다.

2. 보훈복지 전달 체계의 이해

1) 보훈복지와 사회복지의 이해

사회복지는 인간의 평안한 삶을 보장하기 위한 사회적 노력이고, 보훈복지는 국가유공자의 공훈에 보답하면서 유공자들의 평안한 삶을 보장하기 위한 사회적 노력으로 나타난다. 복지는 인간의 삶의 질을 높이고 국민 누구나가 행복하게 살아갈 수 있도록 사회의 모든 구성 요소 중에서 가장 중점을 두고 노력하는 핵심적인 정책이므로, 이를 위해 정부는 국민 모두에게 필요한 법과 제도를 마련하고 복지 수준의 향상을 위해 노력한다. 이와 같이 사회복지는 사회 구성원의 복지를 달성하고자 인간다운 생활

보장과 국민의 권익 도모를 목적으로 하고, 사회적 장애에 대한 포괄성, 적용 범위의 보편성과 최저 생활 보장 등을 그 원리로 한다.

보훈은 국가를 위하여 희생과 헌신을 다한 국가유공자들의 공훈을 기억하고 국가가 끝까지 책임을 다한다는 국민과의 약속을 바탕으로 유공자들에 대해 보상과 예우를 다하고 안정적인 삶이 가능하도록 지원하는 사회적 노력을 의미한다. 보훈 정책은 사회 통합을 목적으로 하는 사회복지적 관점과 정책으로 뒷받침되어야 한다는 뜻이다. 그리고 초고령사회로 진입하고 있는 만큼 사회복지는 물론 보훈 정책은 맞춤형 복지를 필요로 한다. 보훈 정책은 국가의 당위적 의무로 발전해 왔으며, 생애 말기까지 국가유공자의 복지를 증진시키고 삶의 질을 향상시켜야 할 과제를 지니고 있는 것이다.

보훈복지제도는 국가유공자의 사망 후 그 유족에게 권리가 승계되는데, 국가유공자와 그 가족들에게 지급하는 보훈급여금과 수당 등이 국가유공자와 그 유족이 명예와 자긍심을 가지고 생활해 나가기에는 미흡한 측면이 있다. 국가유공자와 그 유족이 적절한 생활을 유지하고 각종 서비스에 접근하는 데 불편하지 않도록 문제를 해결해야 한다.

이런 점에서 보훈대상별 서비스 지원 체계의 현실을 파악하고 전반적인 보훈복지사업 인프라의 통합 관리 및 보훈복지의 통합적 실천 방안을 모색함으로써 통합적 보훈복지와 맞춤형 돌봄체계를 정립해야 한다.

2) 보훈복지 전달 체계와 보훈복지사업

보훈복지 전달 체계는 보훈복지 정책에 따른 다양한 서비스를 개발하고 제공하는 조직, 인력 간 연계 체계이다. 이는 보훈대상자에 대한 복지 서비스 체계의 정립과 통일을 위한 거버넌스의 구축과 함께 가야 한다. 그 논리는 「대한민국 헌법」과 「국가보훈기본법」에 들어 있다. 가령 헌법 전문 제4조에 의거해 자유민주적 기본 질서에 입각한 평화통일 정책의 수립과 추진의 정신, 그리고 「국가보훈기본법」 제3조 및 관계 법령에서 밝힌 대로 대한민국 자유민주주의의 발전 및 국민의 생명과 재산 보호를 위하여 희생하거나 공헌한 숭고한 정신을 선양하고 이러한 정신을 토대로 국민 통합과 국가 발전에 기여하는 자세를 근거로 한다.

보훈복지 전달 체계는 1961년 군사원호청의 출범 이후 25개의 지방보훈지청과 한국보훈복지의료공단, 보훈복지사, 보훈섬김이의 활동으로 확대되고 있으며, 보훈복지 서비스는 국가보훈처가 사회복지 전달 체계와 지역사회 복지 서비스의 교차점을 중심으로 하면서 보건복지의료 서비스와 재가복지 서비스 모두를 주관하는 형태로 나타난다. 국가보훈 조직의 위상을 강화하고 지방자치단체의 보훈복지 서비스 전달 체계를 구축하려면 지역 특성을 고려하면서 보훈 인구 구성에 따른 서비스 접근성을 확보하며 전문 인력을 확대 배치해야 한다. 그리고 시민참여형 민관 협력, 네트워크 활성화를 통한 통합 서비스 체계와 새로운 거버넌스를 필요로 한다. 보훈대상자에 대한 복지 서비스는 국가유공자에 대한 보상과 예우, 제대군인의 사회 복귀 지원, 경찰 및 소방공무원에 대한 예우 및 지원 체계로 구성되는데, 이는 국가보훈처와 지방보훈지청, 한국보훈복지의료공단 등이 「국가보훈기본법」 및 국가보훈 관계 법령에 근거해 상호 협조하는 체제로 나타난다.(황미경, 2015)

(1) 국가보훈처

국가보훈처는 국가유공자 및 그 가족과 유족 등 보훈가족의 영예로운 생활을 보장하고 민족정기의 선양과 나라 사랑 정신을 계승 발전시키며 제대군인의 사회 복귀 지원 정책을 관장한다.

국가유공자는 독립유공자, 전몰·순직·전공상 군경, 무공·보국수훈자, 재일학도의용군인, 4·19혁명 희생자, 고엽제 후유(의)증 환자, 참전유공자, 5·18민주유공자, 특수임무수행자, 장기복무 제대군인 등으로 구분된다. 국가보훈처에서는 보훈대상자의 생활 안정을 위한 보훈급여금을 지원하고 있는데, 보훈급여금 중에는 국가유공자와 그 유족의 생활 안정을 위해 지급하는 기본연금과 기본연금에 부가하여 개별적인 여건을 고려하여 차등 지급하는 부가연금이 있다.

또한 수당제도에는 간호수당, 6·25전몰군경 자녀수당, 무공영예수당, 참전유공자 명예수당, 고엽제 후유의증 수당 등이 있다. 아울러 복지, 교육, 주거의 지원으로 고령의 유공자를 보호하고 사회적으로 예우하며, 이를 위해 국가유공자와 유족을 위한 복지시설을 운영하고, 사망자에 대한 국립묘지 안장을 실시하며, 국가유공자와 그 자녀의 고교·대학 교육비를 지원하고, 국가유공자와 그 자녀에게 적합한 직장을 알선하여 생활 안정을 도모할 수 있도록 취업을 지원한다. 또한 장기 저리의 대부 지원 사업을 통해 주거 안정과 생활 안정을 지원한다.

보훈처는 순국선열과 국가유공자의 공헌과 희생을 기억하고 기념하는 보훈선양사업을 주요 업무로 추진하고 있으며, 국민의 나라사랑정신 함양에 기여할 수 있도록 4·19, 5·18, 현충일 추념식 등 국가기념행사를 주관하고 있다.

보훈처에서는 보훈의식을 함양하기 위한 연수교육과 청소년 보훈 캠프 등 다양한 청소년 대상 선양 프로그램을 운영하고 있으며, 중·장기 복무 후 전역한 제대군인의 원활한 사회 정착을 위하여 취업, 의료, 교육, 대부 등 다양한 지원을 제공해 왔다.

또한 보훈처는 국립대전현충원, 4·19, 5·18, 3·15 민주묘지, 국립 임실·영천 호국원과 국내외 사적지 등도 효율적으로 관리 운영하고 있다. 독립유공자 공적 전수조사를 통해 서훈의 신뢰성 증진을 위해 노력하고 있으며, 보훈복지 및 영예 사업을 위한 산하기관으로 한국보훈복지의료공단, 독립기념관 등을 운영하고 있다. 고령화된 보훈가족의 건강한 삶을 지원하기 위하여 위탁병원 확대 등 보훈의료 확충을 위해 노력하고 있다.

(2) 한국보훈복지의료공단

한국보훈복지의료공단은 국가유공자의 진료와 재활 그리고 복지 증진 사업을 수행하는 특수법인체로, 보훈가족의 건강과 행복한 삶을 최우선 목표로 공공의료와 복지를 선도하기 위해 주로 의료사업과 복지사업을 하고 있다. 보훈대상자의 진료와 재활을 위해 서울과 부산, 대구, 광주, 대구, 대전, 인천 등 전국의 보훈병원과 보훈요양원을 운영하고 있다. 또한 재활 센터 건립과 로봇 수술 센터 개소 등 전문 진료 역량을 강화하고 맞춤형 요양 서비스를 통해 고령자 친화형 복지 서비스를 구현하는 등 보훈의료 전달 체계의 정립과 의료 수준 제고 및 서비스 향상에 중점을 두고 있다. 무의무탁한 노령 국가유공자를 위한 복지시설, 유족을 위한 휴양시설, 그리고 전국 각지에 요양시설을 운영하고 있다.

보훈 정신의 확대와 보훈 문화의 진흥을 위해 학생, 공무원, 시민 등을 대상으로 교육하고 국가보훈처와 한국보훈복지의료공단의 각종 정책을 연구로 뒷받침하는 보훈교육연구원을 국가보훈처와의 협조 체제하에서 운영하고 있다.

(3) 독립기념관

독립기념관은 1987년 충남 천안에 설립한 기관으로 우리 민족의 국난 극복사와 국가 발전사에 관한 자료를 수집·전시·교육하고 있다. 상설 전시관 7개 영역에 어울리도록 유형별 등록 과정을 거친 자료실, 한국 근·현대사, 독립운동사, 국난극복사, 민족운동사 관련 도서와 자료를 소장한 도서관, 독립운동 관련 필름과 사적지 관련 사진을 확보하고 있는 사진실 등을 운영하고 있다.

또한 이 달의 독립운동가 전시 사업, 특별기획전, 기증자료전, 국제교류전 등을 개최하고, 독립운동의 가치를 실현하고 재외동포의 정체성 확립을 위해 독립운동사 교육 콘텐츠 보급사업을 진행하고 있다.

(4) 광복회

광복회는 독립유공자와 그 유족, 후손으로 구성된 단체로서, 일제의 국권 강탈 이후부터 8·15광복에 이르기까지 활동한 순국선열과 애국지사들의 숭고한 독립정신을 오늘에 계승하기 위한 사업을 추진하고 있다.

구체적으로는 첫째, 민족통일, 민족정신 선양 및 애국정신 함양을 위해 학생 및 교원들에 대한 독립운동사 교육사업, 둘째, 독립운동 관련 각종 학술회의와 홍보 활동 및 국내·외 독립운동 유적지 탐방 사업, 셋째, 독립유공자 후손을 위한 장학사업, 넷째, 독립운동 사적 발굴, 순국선열 유해 발굴 및 봉환사업, 다섯째, 광복회원의 권익신장, 복지증진을 위한 사업 등을 추진하고 있다.

(5) 대한민국 재향군인회

대한민국 재향군인회는 군복무를 마친 모든 남녀 예비역 장병들이 모여 상호간의 친목을 도모하고 회원의 권익을 향상시키며 국가 발전과 사회 공익 증진에 기여함을 목적으로 창립된 안보단체이다. 복지증진 및 명예선양 활동으로 생계가 곤란한 예비역 및 6·25참전 연금 비수급 회원에게 매월 일정액의 생계보조비를 지급하고, 전체 회원의 생활편의와 삶의 질 향상을 위한 공공복지 영역을 확대하고 있으며 특히, 참전용사의 명예선양과 권익신장을 위한 복지사업 및 각종 안보 강화 사업을 추진하는데 중점을 두고 있다. 회원 자격은 육·해·공군의 예비역, 보충역, 국민역과 실역을 마친 자, 퇴역 또는 병역이 면제된 장교·준사관·부사관·사병이며, 예비군·민방위대원·일반회원으로 구성된다.

(6) 대한민국 고엽제 전우회

대한민국 고엽제 전우회는 국민의 호국정신 함양 및 애국심 고취와 국가 발전은 물론 조국의 평화적 통일에 이바지하고자 설립된 단체이다. 특히 베트남 참전용사의 권익보호를 위하고, 고엽제 후유증과 고엽제 후유의증 및 고엽제 후유증 2세 환자들 간 친목도모 및 상부상조로 자활 능력을 배양하고 고엽제 관련자의 권익을 도모하는 사업을 한다. 고엽제는 초목을 고사시키는 제초제로서, 미군이 베트남전 당시 살포한 고엽제에는 다이옥신이라는 화학적 불순물이 들어 있는데 10~25년이 지나도록 체내에 남아 각종 암과 신경계 손상을 일으킬 정도로 강력한 유독성 물질이다. 이 단체는 베트남전 파병 용사 중 고엽제에 노출된 많은 사람들의 복지증진 및 권익사업, 고엽제 관련자의 명예선양 및 추모사업 등 다양한 사업을 전개하고 있다.

(7) 사단법인 5·18민주화운동 부상자회

5·18민주화운동은 대한민국의 민주주의와 인권, 그리고 정의를 오늘에 있게 한 민주 대장정의 원동력으로 자리매김하고 있다. 5·18민주화운동은 민주, 인권, 평화라는 인류 보편적 가치로 승화·발전되고 있으며, 관련 기록물이 인류가 공유하고 기억해야 할 세계유산으로 유네스코에 등재되었다. 사단법인 5·18민주화운동 부상자회는 「5·18민주유공자 예우에 관한 법률」에 따라 5·18민주화운동의 정신을 계승·선양하며, 회원의 자활, 자립 및 복리증진을 도모하며, 지역사회와 국가 발전 및 민주주의 수호와 조국의 평화통일에 기여함을 목적으로 설립되었다. 회원들이 5·18민주유공자로서의 영예로운 삶을 영위할 수 있도록 국

가와 사회적 차원의 예우를 제도화하고, 신체적 고통과 정신적 트라우마의 치유를 위한 다각적인 지원을 시행하며, 경제·사회적으로 소외받고 고통 받지 않도록 자활과 자립할 수 있는 여건을 마련하는 한편, 5·18정신의 사회적 확산 관련 사업을 발굴 및 추진하고 있다.

3. 보훈복지의료 사업의 통합

1) 보훈복지사업

보훈복지 서비스는 보훈대상자의 유형, 보훈대상자의 욕구에 부응하며 다양하게 전개되고 있다.

보훈대상자들의 욕구는 보훈급여금과 수당, 주거, 의료, 재활, 취·창업, 요양 등 여러 분야에 걸쳐 나타나고 있다. 〈표 1〉에서 나타나는 바와 같이, 보훈대상자로서의 상징적인 예우와, 생활안정을 위한 복지, 보건의료 및 취업지원 등을 기본으로 하면서, 상이군경의 경우는 재활치료와 활동지원, 상담 및 재활을 위한 프로그램 등을 원하고 있다. 국가를 위한 헌신과 희생에 대한 합당한 예우와 지원을 바라는 것은 자연스럽고 당연한 권리라고 할 수 있다. 이러한 관점에서 국가유공자를 위한 보훈복지정책이 수립되어야 함은 물론 실질적인 지원이 될 수 있도록 다양한 욕구에 맞는 체계적이고 통합적인 서비스가 요구된다.

특히 국가유공자는 물론이거니와 사회 전반의 고령화 추세에 따라 노인복지사업의 중요성이 부각되고 있다. 보훈복지사업도 국가유공자의 고령화에 따른 복합적인 욕구를 충족할 수 있는 방향으로 의료 사업과의 연계가 요구되고 있다. 이에 따라 보훈복지와 보훈의료 사업 간 간극을 좁히기 위한 협업과 통합의료 시스템으로 개편되고 있는 중이다.

가령 고령의 보훈대상자를 위한 서비스 중에서 양로 및 주거 중심의 보훈복지시설인 보훈원과 보훈복지타운이 복지 관련 주요 사업이라고 할 수 있다. 구체적으로는 첫째, 치매·중풍 등 중증 노인성 질환을 가진 국가유공자를 위한 보훈요양원 운영, 둘째, 무의무탁 노령 국가유공자 및 유족과 미성년 자녀 양로·양육 보호를 위한 보훈원 운영, 셋째, 무주택 고령 국가유공자 및 그 유족을 위한 실버타운 개념의 고령자 전용 주거 시설인 보훈복지타운 운영, 넷째, 배우자 및 국가유공자 휴양 시설인 보훈휴양원 운영 등으로 정리해볼 수 있다.

〈표 1〉 보훈복지대상자의 복합적인 욕구

구 분		보훈복지의료 욕구
고령 보훈복지 대상자	참전유공자	참전수당인상, 의료보건서비스(일반병원확대지원) 등
	고령유공자	상징적인 예우, 실질적인 생활지원, 취업지원, 요양서비스, 여가 및 체육활동
	제대군인	재취업 및 창업지원, 직업훈련, 자녀학자금, 주택지원
상이군경	재활치료자	병원치료기간연장, 재가재활지원, 재활체육시설 확충, 사회복귀훈련 상담서비스
	청·장년층	정보제공(의료, 재활, 취업)욕구, 취업지원욕구, 재활체육, 재활프로그램, 상담서비스 및 사례관리
	공통	취업지원서비스, 직업재활서비스, 사회·교육 재활서비스, 개인 사업지원(창업), 가사간병서비스, 활동지원서비스, 자조모임, 개인상담 및 가족상담, 아동가족위탁서비스
공 통		상징적인 예우, 의료보건서비스, 생활지원, 취업지원, 재활지원, 상담서비스

출처: 보훈교육연구원, 2012, 「외부자원 연계를 통한 보훈나눔 프로그램 개발에 관한 연구」, 19쪽.

(1) 보훈요양원

보훈요양원은 치매·중풍 등 노인성 질환을 가진 국가유공자를 위한 시설로, 입소 자격은 노인장기요양보험법 등 관련 규정에 의거해 입소 대상으로 결정된 자이다. 65세 이상자와 65세 미만자 중 노인성 질병이 있는 경우 국민건강보험공단 지사의 장기요양등급판정위원회에서 시설입소 요양등급 판정을 받은 사람이 대상이 되며, 주간보호 센터 이용은 재가급여가 가능한 판정을 받은 자를 대상으로 한다. 요양원은 총 7개소로 경기도 수원과 광주광역시, 경상남도 김해시, 대구광역시, 대전광역시, 강원도 원주시, 경기도 남양주에 위치하고 있다.

(2) 보훈원

보훈원은 부양의무자가 없는 노령의 국가유공자 및 유족과 미성년 자녀의 양로 및 양육을 지원하는 시설이다. 국가를 위해 희생과 헌신으로 공헌한 국가유공자와 그 유족의 건강하고 행복한 삶을 유지할 수 있도록 경기도 수원시에 설립되었으며, 양로 시설과 요양 시설을 운영하고 있다.

보훈원의 입소자격은 본인의 경우 65세 이상으로 독립유공자, 국가유공자, 5·18민주화유공자, 참전유공자, 특수임무유공자, 고엽제 후유의증 장애등급 해당자이며, 배우자의 경우에는 남성은 60세 이상, 여성은 55세 이상이며, 유족의 경우에는 남성 65세 이상, 여성은 60세 이상이다.

보훈원에서는 원내 상주하는 의료진이 고령의 유공자의 건강 및 질환의 예방에 힘쓰고, 입소자에게 의식주의 편의와 생필품을 제공하며, 의료보호, 취미생활과 종교활동 등을 지원하고, 사망시에는 국립묘지 및 공단묘지에 안장한다.

구분	양로 보호	양육 보호
대상	국가유공자 및 유족 중 무의탁, 생계곤란자	국가유공자의 자녀 중 무의탁, 생계곤란자
자격 연령	국가유공자 본인(남 60세, 여 55세 이상) 유족(남 65세, 여 60세 이상)	만 20세까지 보호(단, 대학생은 졸업시까지 보호)

(3) 보훈복지타운

보훈복지타운은 국가유공자와 그 유가족을 위한 시설로 경기도 수원시에 위치하고 있다. 주거시설인 아파트 7개동 452세대와 부대시설로 식당, 슈퍼마켓, 건강상담실, 시청각교육실, 취미교실, 체력단련실 등이 있다. 보훈복지타운의 입소자격은 본인의 경우 65세 이상으로 독립유공자, 국가유공자, 5·18민주화유공자, 특수임무유공자 등이며, 배우자는 남자는 60세 이상, 여자는 55세 이상, 유족은 65세 이상으로, 독립유공자(손자녀 포함), 국가유공자, 5·18민주화 유공자, 특수임무유공자 등이 이에 해당한다. 또한 만 60세 이상 고령 국가유공자 및 그 유족으로 부양의무자가 없는 무주택자와, 부양의무자는 있지만 부양능력이 없는 경우로 보훈(지)청장이 인정하는 자 등을 대상으로 한다.

(4) 보훈휴양원

보훈휴양원은 충청북도 충주시에 소재하며, 국가보훈처에서 건립하고 한국보훈복지의료공단에서 운영하고 있는 콘도형 휴양 시설이다. 이용자는 군경미망인, 국가유공자 및 보훈가족, 공무원은 물론, 지역주민과 일반인까지도 이용할 수 있는 휴양 시설이다. 시설 규모는 지하 1층, 지상 2층 규모로 콘도형 숙박 시설 60실과 식당, 대강당, 매점, 노래방, 강의실 등의 부대시설과 배드민턴장, 미니축구장, 족구장, 산책로 등의 편의시설이 있다.

(5) 보훈재활체육 센터

보훈재활체육 센터는 국가유공자의 재활체육, 생활체육, 전문 체육 등을 활성화하고 우수 장애인 선수 육성을 위해 경기도 수원시에 2011년에 개원한 재활체육기관이다. 여기서는 장애인 국가대표 선수를 배출하고 있으며, 장애에 대한 사회적 인식을 개선함으로써 체육복지를 증진하고, 세계적인 장애인 스포츠 시설이 될 수 있도록 위상을 관리하고 있다. 종합체육관과 종합운동장 그리고 생활관을 운영하고 있으며, 국내 최초로 국제 규격의 실내 지하 사격경기장 및 국제 규격의 국내 최초 실내 론볼경기장과 탁구경기장, 양궁경기장을 보유하고 있다. 농구, 배구, 배드민턴, 육상 등의 스포츠 종목 훈련이 가능하고, 헬스장 등과 같은 체력단련실과 물리치료실, 유산소 운동실, 스트레칭실, 실내

트랙, 세미나실을 갖추고 있다. 보훈재활체육 센터로 인해 국가 유공자의 재활체육의 저변이 확대되고 있다고 할 수 있다.

(6) 보훈교육연구원

앞에서도 잠시 소개했지만, 보훈교육연구원은 국가유공자의 영예로운 삶과 정신을 선양하면서 우리 사회에 평화적 보훈 문화가 더 확산되도록 교육하고 연구하는 기관이다. 순국선열들의 삶을 기억하면서, 국민을 대상으로 보훈의 가치와 의미를 알리고, 통합된 국가공동체를 만들기 위해, 나아가 장기적으로는 분단에 따른 대결주의 구도를 극복하고 평화로운 사회를 구축하기 위해 다각도로 노력하고 있다.

구체적 교육 사업으로는 국가유공자와 유가족의 자긍심을 높이고 보훈 정신을 고양시키기 위한 강좌 프로그램, 일반 국민이 쉽게 참여할 수 있는 실시간 비대면 온라인 교육 프로그램인 가족이 함께 하는 보훈 역사 체험 프로그램 등을 포함해 다양한 교육 사업을 운영하고 있다.

다른 한편에서는 한국보훈복지의료공단 직원 및 보훈공무원에 대한 직무교육도 담당하면서, 무엇보다 국가보훈처와 한국보훈복지의료공단에서 추진하는 보훈 정신 계승과 보훈 기관 운영에 도움이 되도록 하기 위한 정책 연구를 병행하는, 국내 유일의 보훈연구기관이기도 하다.

2) 보훈의료사업

공공의료 체계에서 국가유공자와 그 가족에 대한 진료와 재활 서비스를 제공하기 위해 서울, 부산, 광주, 대구, 대전, 인천 등 6 개 지역에 총 3,400여 병상의 보훈병원을 설립하여 공공의료 서 비스를 제공하고 있다.

질 높은 의료 서비스를 제공하기 위한 시설을 갖추고 있으며, 보훈의학연구소에서 보훈대상자 특성에 맞는 연구를 진행하고 있고, 국가유공자의 신체 기능 회복과 재활을 위한 재활 센터와 보장구 센터, 노인성 질환에 대한 전문 의료진의 케어 서비스 제 공 등을 하고 있다.

국가유공자는 보훈병원 이용 시 별도 신청 없이 보훈병원을 방문하여 신분증이나 국가유공자증을 제시하면 이용할 수 있으 며, 진료비의 전부 또는 일부를 감면받고 감면된 진료비는 국가 에서 보훈병원에 지급한다.

한국보훈복지의료공단은 보훈의료 체계를 구축하고 보훈대

상자가 집에서 가까운 위탁병원에서 1차 진료를 받은 후, 지방 보훈병원에서 2차 진료를 받고, 전문진료 센터를 갖춘 중앙보훈병원에서 3차 진료를 받을 수 있도록 통합적인 보훈의료 전달 체계를 확립하고 있다. 각 병원 간 유기적 협력을 통해 환자 중심의 통합 의료 서비스를 제공하여 양질의 진료와 이용 편의성을 동시에 추구하고 있다.

보훈병원 외에 보훈요양병원도 운영 중이다. 보훈요양병원은 국가유공자의 고령화, 노인성 질환 증가에 따라 노인전문 의료 서비스를 제공하고자 2014년 개관하였으며, 물리치료실과 사회복지 프로그램 등을 운영하고 있다. 보훈병원의 현황은 〈표 2〉과 같다.

〈표 2〉 보훈병원 현황

구분	중앙	부산	광주	대구	대전	인천
소재지	서울 강동구	부산 사상구	광주 광산구	대구 달서구	대전 대덕구	인천 미추홀구
진료과목	31개	21개	24개	22개	20개	15개
병상수(총계3,457)	1,383	499	571	484	383	137
대지면적	87,473㎡	66,764㎡	67,997㎡	31,346㎡	40,944㎡	28,548㎡
건물면적	133,832㎡	41,374㎡	44,631㎡	37,632㎡	38,541㎡	11,183㎡
장례식장 규모	13실	8실	5실	6실	8실	-

진료지역	서 울 · 경기 · 강원	부산·경남·제주·울산	광 주 · 전남북	대구·경북	대 전 · 충청·세종	인 천 · 경기서북

출처: 한국보훈복지의료공단 홈페이지, 2021

또한 복지 프로그램으로는 입원 환자 및 가족을 대상으로 심리사회적·정서적·경제적 어려움에 대해 상담을 실시하고 있다. 입원 환자를 위한 프로그램으로는 치매·뇌졸중 등의 노인성 질환 및 우울증으로 인한 인지력 장애와 심리적 불안감을 보이는 환자를 대상으로 다양한 오락 요법을 시행하고 있다. 또한 환자의 사회 적응력과 정서적인 안정 및 활력 부여로 증상을 완화하여 빠른 사회 복귀를 돕고 있다. 프로그램으로 미술치료, 음악치료, 인지자극훈련, 재활웃음치료, 노래교실 등을 운영하고 있다. 보훈병원의 보훈대상별 진료 내용은 〈표 3〉에 제시하였다.

〈표 3〉 보훈병원 진료대상별 구분

구 분	보훈의료대상
국비환자	애국지사, 전·공상 군경, 4·19혁명부상자, 공상공무원, 6·18자유상이자, 고엽제 후유(의)증 환자, 특수임무부상자, 5·18민주화운동 부상자, 지원공상군경, 지원공상공무원, 재해부상군경, 재해부상공무원 등
감면환자	(본인)참전유공자, 무공수훈자, 보국수훈자, 4·19혁명공로자, 특수임무공로자, 5·18기타희생자, 창군 및 10년이상 장기복무제대군인(유가족)배우자 또는 선순위 유족 등 관련 법률에 따른 의료지원 대상자
일반환자	국비환자 및 감면환자 외 건강보험, 의료급여환자 등

출처: 한국보훈복지의료공단 홈페이지, 2021

3) 보훈복지 맞춤형 돌봄 사업

(1) 장기요양급여 제공

고령의 국가유공자 중 생활 능력이 부족한 저소득 유공자가 요양등급 판정을 받는 경우 노인장기요양기관 등의 서비스 이용에 따른 본인부담금의 일부를 지원함으로써 경제적인 부담을 경감시키고 노후생활에 안정을 제공하고자 장기요양 급여를 제공하고 있다. 노인장기요양보험제도에 근거해 생활 정도에 따른 본인부담금을 일부 차등 지원한다. 또한 살고 있는 집에서 안락한 노후를 보낼 수 있도록 국가유공자 등의 욕구를 반영하여 저소득 참전 유공자 및 고엽제 후유의증 등급판정자에게도 요양급여를 지원하고 있다.

(2) 가사·간병 서비스 제공

고령층 국가유공자들은 퇴행성 또는 만성질환 등으로 인한 거동 불편 등 일상생활을 영위하기에 어려움을 겪고 있으므로, 가족들로부터 적절한 수발을 받지 못하거나 노인장기요양보험 서비스를 받지 못하는 보훈대상자들에게는 안락한 노후 생활을 위해 가사 및 간병 등의 재가복지 서비스를 제공하고 있다.

(3) 여가 활동 서비스 제공

국가보훈처는 지역사회와 연계하여 노후생활 활성화를 위한 여가 활동을 지원하고 있다. 60세 이상의 건강한 보훈대상자를 위한 각종 여가·취미·건강·문화 활동 등 다양한 여가 프로그램을 개발·운영하고 있는데, 대상의 자격에 제한이 없고, 여가 활동에 참여하는 60세 이상 보훈대상자의 배우자나 동반가족 1인까지 포함된다.

4. 보훈복지의 통합과 맞춤형 돌봄을 위한 제언

한국보훈복지의료공단의 사업에는 국가보훈대상자의 평생사회안전망 보장과 국민통합을 위한 지역사회 통합 돌봄 정책이 포함되어 있다.(보건복지부, 2019) 국가보훈대상자를 위한 커뮤니티 케어는 지역사회 통합 돌봄 체계를 재가 중심의 보훈복지와 보건의료를 통합하고 연계시키며 진행하고 있다.(보건복지부, 2018; 한국보훈복지의료공단, 2019) 그 일환인 중앙보훈병원의 '아임세이프(IMSAFE)' 사업을 진행해 중앙보훈병원 환자를 대상으로 병원과 지역을 연계시키는 맞춤형 케어 서비스를 제공하고 이를 위한 중점 전산 시스템 관리를 하고 있다.

이와 같은 커뮤니티 케어의 전략은 사회적 돌봄(social care)을 법제화하고 공공과 민간 부문의 휴먼서비스 네트워크를 통합하면서 "에이징 인 플레이스(Aging In Place, 살던 곳에서 노후 보내기)"를 실현하는 데 있다. "보훈복지의료 지역사회 통합 돌봄"이라고 하는 것은 국가보훈대상자의 복합적인 돌봄 욕구를 포괄하여 충족시킬 수 있도록 보훈복지와 보건의료를 연계시키고 지역 맞춤형 돌봄 서비스를 통합적으로 제공하는 평생사회안전망의 개념 (황미경, 2021)이다. 이와 관련한 정책을 〈표 4〉처럼 정리할 수 있고, 이에 근거해 〈그림 1〉처럼 통합적 케어의 방향성을 구상해 볼 수 있다. 이런 식으로 서비스의 접근성과 지속성을 강화를 위한 인프라 구축과 보훈복지의료 지역사회 통합 돌봄 정책 모형을 구축할 필요가 있다. 지역사회 내 사회 서비스 체계에 어울리면서도 국가보훈대상자의 주거환경 개선, 재활과 요양, 생활안정 지원을 통해 보훈복지와 의료의 통합적 케어가 제공되는 지역사회보장 체계(황미경, 2020)의 구축이 이루어져야 하는 것이다. 보건복지부, 국가보훈처 등 부처별 서비스 연계에 의한 선택권 보장과 특화 서비스 지원을 위한 보훈복지의료 통합정보 시스템 연계 구축으로 사는 곳 중심의 복지를 실현해 가야 한다.

〈표 4〉 보훈복지의료 지역사회 통합 돌봄 정책 분석

구분	지역사회 통합 돌봄	특성	보훈복지의료 연계 체계
사회적 돌봄 대상	국가유공자 등	보편주의	보훈처, 행정복지센터, 보훈단체, 지역 복지기관 등
급여유형	보훈복지의료 재가보훈복지 통합적 케어	보훈급여 사회 서비스	케어매니지먼트, 방문의료, 방문간호, 일상생활지원 서비스, 치매검사 등
보훈복지의료 서비스전달 체계	주거지 지역사회 광역연계	복지혼합 파트너십 네트워크 연계	국가보훈처, 지방자치단체, 공단, 행정복지센터, 원봉사센터, 복지기관, 보훈의료 One-Stop 창구 등
권리성	사후보장에서 지역사회보장 체계 중심의 사전 예방 시스템 강화		

출처: 황미경, 2021

〈그림 1〉 보훈복지의료 지역사회 통합 돌봄 체계 모형

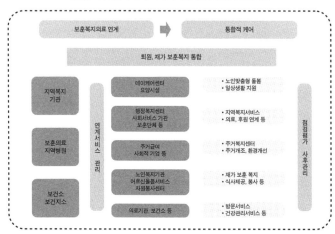

출처: 황미경, 2021

Ⅲ. 보훈의료복지 서비스

강영숙_ 군산대학교

윤승비_ 보훈교육연구원

1. 보훈의료복지 통합 서비스 개요

일반적으로 의료복지 서비스는 의료 개입이 필요한 취약계층의 발견과 병원 치료 및 치료 이후 사회 복귀를 지원하는 원스톱(One-Stop) 지원창구로서, 의료복지와 관련된 지역사회(보건소, 의료기관, 주민 센터, 요양시설 등)와 민간(자원봉사자) 등 연계 서비스를 기반으로 한다.

보훈의료복지 통합 서비스는 국가보훈대상자에 대해 의료 개입뿐만 아니라, 사회 복귀 지원과 사회적 차원의 의료 서비스를 연계시켜 제공하는 일을 한다. 이러한 통합 서비스는 현재 추진 중에 있으며, 그 내용을 살펴보면 다음과 같다.

한국보훈복지의료공단에서 보훈의료복지 통합 서비스를 실시하게 된 가장 큰 배경은 보훈대상자의 고령화라고 할 수 있다. 보훈대상자의 고령화와 더불어 기존에 입었던 상이에 더해 노화로 인한 복합적인 만성질환 환자가 계속 증가하기 때문이다. 65세 이상 고령자의 89.5%가 한 가지 이상 만성질환(2017년 노인실태조사)을 가지고 있으며, 75세 이상 노인 중 두 개 이상의 만성질환을 가지고 있는 비율이 80%에 해당한다. 이는 65세 이상 고령자들의 돌봄과 의료 분야에 통합 서비스가 더 확실하게 제공되어야 한다는 뜻이다.

국가보훈처에서 발표한 2019년 4월 말 보훈대상자 기본현황을 중심으로 재분석한 보훈대상자 연령별 현황을 살펴보면, 60대 이상부터 대상자 비율이 급격하게 증가하고 있음을 알 수 있다. 현재 60대 이상의 보훈대상자 비율은 전체 대상자의 84.7%에 달한다.

또한 70대〉80대〉60대 순으로 비율이 높아 의료 수준의 발달 등을 고려하면 향후에도 지속적으로 보훈대상자의 고령화가 계속될 것으로 예상할 수 있다. 따라서 일반 국민에 앞서 심각한 고령화를 경험하고 있는 보훈대상자를 위한 의료와 복지 간 통합 서비스의 필요성과 중요성이 크게 주목받고 있다.

이러한 보훈대상자의 고령화와 만성질환자의 증가에도 불구하고 보훈대상자는 보훈병원에 입원하거나 요양시설에 입소한 사람보다 자택에서 생활하는 사람이 많고, 미리 건강관리를 하

거나 영양관리를 한다면 상태가 더욱 나빠지기 전에 현재의 생
활을 오래도록 유지할 수 있는 사람들도 많다.

〈표 1〉 보훈대상자 연령별 현황

구 분	본 인	유 족	합 계	비 율
20대	7,150	371	7,521	0.9%
30대	24,522	1,577	26,099	3.1%
40대	22,917	7,505	30,422	3.6%
50대	39,923	25,601	65,524	7.8%
60대	92,557	66,945	159,502	18.9%
70대	286,131	49,779	335,910	39.7%
80대	115,334	67,925	183,259	21.7%
90대 이상	28,293	8,730	37,023	4.4%
합계	616,827	228,433	845,260	100%

출처: 김형석, 2020

더구나 정부의 정책도 이제는 시설이 아닌 자택 그리고 지역
사회에서 생활하도록 지원하는 방향으로 전환하고 있다. 이러
한 상황이 계속 이어지면서 보훈대상자를 위한 의료와 복지 서
비스를 제공하고 있는 한국보훈복지의료공단에서도 서비스 차
별화 전략의 일환으로 의료와 복지의 유기적 연계, 보훈대상자
가 '찾아오는' 서비스에서 '찾아가는' 능동적 서비스로 전환하여,
예방-치료-재활-요양-재가-임종까지 보훈대상자의 특성과 상황

에 맞추어 통합적으로 서비스를 제공하고 있다.

<표 2> 보훈의료복지통합 서비스 추진 방향

구분	종전	개선
서비스 제공	찾아오는 환자 중심으로 · **수동적 서비스 제공**	진료대기 상담, 가정간호, 급식지원, 가정 재활 치료, 원격진료 등 · **찾아가는 능동적 서비스 제공**
서비스 영역	· **시설 중심** 진료와 보호의 단순 서비스	· **서비스 중심** 예방-진료-재활-요양-양로-휴양-주거-재가복지에 이르는 맞춤식 토털 케어제공
서비스 형태	· **분절된 서비스** 병원, 시설, 가정 구분된 서비스 제공	· **통합 서비스** 가정과 시설, 시설과 시설의 경계를 뛰어넘는 전방위적 통합 서비스

2. 보훈의료복지 통합 서비스 추진 과정

보훈의료복지 통합 서비스는 2009년 중앙보훈병원에서 시범적으로 가장 먼저 시행되었다. 보훈공단에서는 2009년부터 '수동적 시설 복지' 중심에서 벗어나 통합 서비스를 시행하여 '능동적 맞춤형 복지'로의 진화를 시도하였다. 능동형 맞춤형 복지는 치매나 중풍 등 노인성 질환으로 어려움을 겪는 보훈대상자의 가정을 방문하여 가사나 간병 등 재가 서비스를 제공하는 것을 말한다. 시범 사업을 시행하기 전인 2009년 7월 17일부터 8월 12

일까지 유관 기관의 견학 및 전문가 자문 등을 거쳐, 9월 21일에 'Bohun THIS(Total Healthcare Integration Service) T/F팀을 구성했고, 이때를 기준으로 시범 사업도 실시하였다.

〈표 3〉 2019년 통합 서비스 운영 인력

구분	계	중앙	부산	광주	대구	대전	인천
계	164	52	25	27	24	24	12
통합 서비스부장	6	1	1	1	1	1	1
통합 서비스과장	6	1	1	1	1	1	1
통합 서비스 담당	1	0	0	0	0	0	1
케어매니저	9	5	1	1	1	1	0
치매예방	5	1	1	1	1	1	0
퇴원환자상담	7	1	1	2	1	1	1
치과전화상담	6	1	1	1	1	1	1
복약상담	7	1	1	1	2	1	1
임종정보	6	1	1	1	1	1	1
전화진료상담	7	1	1	1	1	2	1
가정간호	25	15	2	3	3	2	0
가정 호스피스	20	5	5	4	3	3	0
방문재활	30	14	4	4	3	5	0
방문보장구	1	1	0	0	0	0	0
지역사회자원연계	8	1	2	2	1	1	1
입원대기상담	8	1	1	1	2	1	2
검사안내	11	2	2	3	2	1	1
기타	1	0	0	0	0	1	0

출처: 보훈교육연구원, 2019.

시범사업에서는 ① 재가(원격진료, 전화진료상담, 가정간호), ② 상담(입원 및 외래진료 대기 상담, 퇴원 상담 등)과 급성기 치료(진료 및 검사), ③ 재활(운동 및 재활 치료, 재활 체육 프로그램, 방문 재활), ④ 시설 서비스(양로와 요양 및 휴양 서비스, 주거환경 및 생활편의 시설 개선, 방문 목욕 서비스, 급식지원 서비스) 등이 포함되었다.

2010년부터는 지방보훈병원에서도 통합 서비스를 실시하였고, 복약상담, 치과상담, 심리상담, 보장구 서비스 등의 재활 서비스를 추가적으로 확대하였다. 실질적으로 통합 서비스가 실시된 2010년의 각 지방 병원의 통합 서비스 조직 구성은 병원 업무와 겸직을 포함하여 80여 명이며, 행정직 및 기타 직원의 비율이 높았다. 이후 통합 서비스 조직이 안정되면서 개편 및 확대가 이루어졌으며, 서비스의 다양성도 확보하였고, 복지 인력의 확대 등을 통해 특히 재가복지 부분의 서비스가 확충되었다. 2019년 1월 기준 서비스 인력은 2010년 대비 약 두 배로 증가했다. 보훈병원 통합 서비스는 그동안 병원 내 보훈대상자 상담 및 사회사업 지원을 확충하고, 사회사업활동가에 대한 교육과 프로그램을 진행해 왔다.

〈표 4〉 보훈의료복지 통합 서비스 연혁

년도	구분	세부내용
2009	도입기	○ 중앙보훈병원 T/F팀 구성, 퇴원계획상담 등 7개 서비스 운영계획 시달
2010	확대기	○ 지방보훈병원 확대 실시(통합 서비스팀 구성) ○ 주거환경사업, 치과전화상담, 방문보장구, 복약상담 추가 ○ 방문재활 비급여수가 승인(국가보훈처) ○ 보훈의료복지통합 서비스 운영지침, 업무매뉴얼 제정 ○ 통합 서비스 EMR 전산시스템 프로그램 개발
2011		○ 전화진료상담, 의료사회사업 비급여수가 추가승인
2012	발전기	○ 통합 서비스 운영조직 개편 - 본사 통합 서비스팀 신설 및 병원 고객통합 서비스팀 명칭 변경 ○ 호스피스 비급여수가 추가 승인
2013		○ 가정 호스피스 서비스 운영(대구보훈병원)
2014		○ 보훈의료복지통합 서비스 홈페이지 개발 ○ B○hun-CF(보훈생활건강분류) 개발
2015	전환 및 도약기	○ B○hun-CF 활용 5개 보훈병원 확대 ○ 병원별 제공서비스 표준화(치과전화상담 등) ○ 찾아가는 치매예방서비스, 임종정보서비스 개발 ○ 통합 서비스 종합개선계획 수립 시행 - 개인별 맞춤형 서비스 제공을 위한 실행체계 마련 등
2016	실행력 강화	○ 5개 보훈병원 통합 서비스 전담과장, 케어매니저, 치매예방 서비스 인력 배치 ○ 케어매니저 운영을 통한 원스톱 개인 맞춤형 통합 서비스 제공 ○ 통합 서비스 대표전화번호 운영(1522-2200) ○ 전화진료상담 확대 시행(광주, 대구, 대전보훈병원)
2017		○ 통합 서비스 정부경영평가 신규계량지표 관리 - 통합 서비스 수혜대상자 투약처방 적정화 ○ 케어매니저 역량 강화를 위한 전문가 초빙 교육실시 ○ 기획재정부 승인 통합 서비스 활성화 인력 정원 확보(방문재활, 가정 호스피스 등 34명)
2018		○ 고객 중심 맞춤형 통합 서비스 실행모델(IMSAFE) 개발 ○ 방문인지·작업치료 서비스 비급여수가 승인 및 5개 보훈병원 신규 실시 ○ 가정 호스피스 서비스 5개 보훈병원 확대 운영 - 중앙, 대구 → 부산, 광주, 대구, 대전보훈병원 ○ 중앙보훈병원 가정 호스피스 보건복지부 시범사업 참여 - 국비환자 대상에서 감면·일반환자까지 확대 ○ 통합 서비스 성과분석 시스템 개발 및 운영 ○ ICT 활용 치매예방프로그램 운영을 위한 KT 업무 협약 - 뇌활력프로그램 운영, 효과성 연구, 강사 양성 등

출처: 보훈교육연구원, 2019.

3. 보훈의료복지 통합 서비스 종류

보훈의료복지 통합 서비스는 현재 12개의 영역으로 분류되고 있다. 그중 재가 서비스는 총 7가지로 ① 가정간호, ② 방문재활, ③ 가정 호스피스, ④ 방문보장구, ⑤ 치매예방, ⑥ 전화진료상담, ⑦ 주거환경개선 서비스로 구성된다. 의료 및 복지 서비스는 총 4가지로서, ⑧ 퇴원계획상담, ⑨ 치과전화상담, ⑩ 복약상담, ⑪ 임종정보 서비스 제공으로 구성되며, 마지막으로 지역사회 서비스는 거주 지역의 가사·간병 서비스 등 ⑫ 지역사회자원연계 서비스로 구성되어 있다. 좀 더 구체적으로 살펴보자.

① 가정간호 서비스의 목적은 가정간호가 필요한 대상자의 건강 회복 및 질병을 예방하는 것이며, 합병증 및 만성질환자, 말기암, 조기퇴원 및 거동 불편 환자에게 투약지도, 주사, 간호처치, 건강상담 및 예방교육, 의료기구 및 장비 사용법 교육, 재발방지 및 정서안정, 의료문제 자문 등을 지원하는 것이다. 퇴원 1~2일 전 병동에 상담을 요청해야 하며, 국가유공자는 무료로, 감면대상자는 지원되는 감면율을 적용받는다.

② 방문재활 서비스의 목적은 거동이 불편한 고객의 편의성 제고 및 병원치료의 연속성을 유지하는 것이며, 노인성 질환 또

는 거동이 불편한 국가유공자에게 신경치료[방문물리치료], 통증치료, 신체능력평가, 자가 물리치료 방법 교육, [방문인지·작업치료] 전산화 인지 재활치료, 인지평가, 도구를 활용한 작업치료·삼킴장애 재활 전기자극치료 등을 지원하는 데 중점을 두고 있다. 진료 후 재활의학과 전문의와 상의하여 연계지원 서비스를 신청하며, 국가유공자는 무료로 지원을 받을 수 있다.

③ 가정 호스피스 서비스에는 전문적인 통증조절, 신체적, 사회경제적, 정서적, 영적 보살핌 제공, 말기환자(암, 비암질환) 및 임종 과정에 있는 환자와 그 가족의 통증 및 증상 관리, 상처, 수술 부위 및 욕창 관리, 환자 돌봄을 위한 가족 교육, 호스피스 프로그램(발 마사지 등), 임종준비 교육, 사별 가족 상담 및 슬픔 극복을 위한 프로그램 등의 종류가 있다. 주치의에게 의뢰해 대상자 중 가정 호스피스 희망자를 확인하며, 국가유공자는 무료이고, (시범사업) 감면 대상자는 비용의 일부를 감면받고 있다.

④ 방문보장구 서비스의 목적은 고령화 및 신체적 장애로 인한 일상생활 활동 및 이동시 불편을 해소하는 데 있으며, 그 대상은 국가유공자, 일반환자 및 보장구 서비스를 요청한 자이다. 신청대상자에게는 보장구 관련 각종 상담, 전화 서비스, 취형, 가장착, 장착, 수리, 훈련 및 교육을 진행하며, 보장구 센터나 병

동 및 외래 간호사를 통해 서비스를 신청할 수 있다.

⑤ 치매예방 서비스의 목적은 고령의 국가유공자 및 가족, 지역주민 등에게 치매 선별검사 및 조기진단을 통해 고위험군 치매 환자의 치매 진행을 지연시키고 치료하는 데 있다. 고객통합서비스부에 신청하여 진단을 받게 되며, 국가유공자는 무료이고, 감면 대상자는 감면율에 따라 비용의 일부를 감면받고 있다.

⑥ 전화 진료상담 서비스의 목적은 전화 상담으로 의사소통이 가능한 환자의 이동 불편을 해소하고, 만성질환자의 상시 관리를 통해 건강한 삶을 유지하도록 지원하는 것이다.

⑦ 주거환경개선 서비스의 목적은 장애, 노환 등으로 거동이 불편한 국가유공자의 주택을 수리하고 가옥 내 시설물 개선을 통해 삶의 질을 향상시키는 것이다.

⑧ 퇴원계획 상담의 목적은 퇴원 후 환자가 적합한 서비스를 받을 수 있도록 고객의 욕구를 파악하여 필요한 서비스를 연계해 주는 것이다.

⑨ 치과 전화상담의 목적은 임플란트 수술, 외과적 소수술 환자에게 수술 전 예약 확인 및 후 주의사항에 대해 설명하고 몸 상태의 점검, 치위생 교육 등을 지원하는 것이다.

⑩ 복약상담의 목적은 특수약물을 복용하는 외래환자의 약물

부작용 및 대처 방법을 안내하고 부작용을 방지하기 위한 사용법 및 주의사항 교육을 지원하는 서비스이다.

⑪ 임종정보 서비스의 목적은 유공자 및 유·가족의 임종정보, 즉 장례 절차 안내, 안장, 장례식장 이용 등을 안내함으로써 임종과 관련한 편의성을 도모하기 위한 서비스이다.

4. 의료사회복지사의 역할

현재 국가보훈대상자의 고령화가 급속히 진행되고 있고, 만성질환 관리를 위한 통합의료복지 서비스 수요가 증가하고 있다. 이에 지역사회의 자원연계 및 중재를 위해 의료사회사업을 신설하고, 경제적 취약자의 긴급 의료비 지원, 장애·장기요양등급 신청, 전문상담 센터(알코올·자살·학대 등) 설립, 퇴원 후 요양·재활병원 이용, 주거환경 개선사업을 지원하고 있다.

보훈병원 의료사회사업에 종사하고 있는 복지사와 통합 서비스 케어매니저는 19명이며, 이들은 간병인 연계, 장기요양보험 상담, 돌봄·목욕 서비스 지원, 복지용품 안내, 장애등급 정보 안내, 정서적 지지, 지역사회 자원연계, 입·퇴원 계획 상담, 기타

의료 서비스 등에 대한 지원 업무를 수행하고 있다.

〈표 5〉 (인원현황) 보훈병원 「사회복지사」 총 19명

구분	중앙	부산	대전	대구	광주	인천	계
계	6	4	2	3	3	1	19
의료사회사업 복지사	2	2	1	2	2	1	10
통합 서비스 케어매니저	4	2	1	1	1	-	9

출처: 보훈교육연구원, 2019.

〈표 6〉 「의료사회사업」 업무 기능

업무	비급여 실적(건수)						세부 내역
	전체	중앙	부산	대전	대구	광주	
간병인 신청 안내	139	29	69	17	2	22	유(무)료 간병지원 사항 안내
장기요양보험 상담	163	2	44	22	58	37	노인 장기요양보험 제도 상담(신청, 절차, 서비스 등)
돌봄·목욕 서비스	318	-	23	13	70	212	재가노인복지센터를 통해 방문하여 일상생활 지원서비스 제공 등
복지용품 안내	68	-	10	-	49	9	장기요양 등급별 필요한 의료용구 지원
장애등급 정보 안내	55	-	1	13	25	16	장애등록절차 및 복지시책 등 제공
정서적 지지	89	1	-	11	76	1	질병에 대한 불안감, 무기력 등 정서적 면접 실시 및 공감대 형성
지역사회 자원연계	432	3	15	86	172	156	병원, 요양원 등 주거환경 개선사업, 이·미용 또는 교통약자 이동차량 지원서비스 등
입·퇴원 계획 상담	79	28	2	-	36	13	통증조절, 생활지도, 신체장애에 따른 재활문제

기타 의료 서비스	141	-	66	13	29	33	호스피스, 장기·시신기증 상담, 치매(예방, 안심센터) 서비스 제공, 건강강좌 및 금연클리닉 등 연계
합 계	1,484	63	230	175	517	499	

출처: 보훈교육연구원, 2019.

통합 서비스 케어매니저는 환자의 상태와 욕구를 조사하고, 케어플랜에 따라 개인별 맞춤형 서비스를 제공하며, 추적 관리하는 건강관리 전문가이다. 또한 퇴원 예정인 만성복합질환, 신규 중상이 환자 중에서 케어매니저의 상담을 통해 케어플랜을 작성하고 필요한 서비스를 연계하여 지원 및 제공하며, 지속적인 사후관리를 통해 환자 건강관리체계를 구축해 주고 있다.

〈표 7〉 통합 서비스부(사회복지사) 업무 기능

구분	의료사회사업	케어매니저
업무	■ 병원내에서 환자상담으로 필요한 지역사회 자원 연계 및 사회복지프로그램 운영 - 의료비 지원, 재활 상담, 노인장기요양 등급 신청 지원, 무(유)료 간병지원 사항 등 - '18년 1,856건 상담(사회복지사 1인당 928건) - 바둑·서예교실 등 입원환자 프로그램 1,155회 운영	■ 퇴원 이후 거주하는 곳에서 필요한 서비스를 제공받을 수 있도록 상담을 통해 케어플랜을 수립하고 공단의 재가 서비스, 의료복지 서비스 및 지역사회 서비스를 연계 - '18년 등록환자 1,714명, 6,660건 제공(케어매니저 1인당 343명, 1,332건 제공)

성격	■ 병원내 필요 서비스 연계 상담사 - 환자 상황을 고려한 지역사회 서비스 연계로 당면한 어려움 해결 지원 - 병원생활을 윤택하게 하는 사회복지프로그램 운영	■ 통합 서비스 등록환자를 전반적으로 관리하는 건강관리 전문가 - 호전과 완치가 어려운 노인성질환에 대한 지속적 돌봄관리
비고	■ (케어매니저) '19년 간소화된 상담절차를 통해 통합 서비스 등록환자 확대 추진 ☞ 케어매니저와 지역사회 연계 담당자는 업무, 성격 등 다양한 부분에서 명확한 차이가 있음	

출처: 보훈교육연구원, 2019.

통합 서비스를 의뢰한 환자에 대해 기초상담을 진행하며, 기초상담에서 장기 서비스와 단기 서비스 대상자를 구분하게 된다. 기초상담 이후 케어플랜을 수립하고, 의료 서비스, 재가 서비스, 지역사회 서비스 등 3개 영역, 29종에 대한 서비스를 연계해주고 있다.

〈표 8〉 장·단기 서비스 구분 기준

병원 퇴원 예정인 만성복합질환, 신규중상이 환자 중에서 케어매니저와 상담을 통해 사회적 상황과 관련된 9개 상담항목 중 5개 이상에 해당되어 지속적인 도움이 필요한 경우 장기 서비스 대상자로 선정하여 지속 관리

〈상담항목 중 사회적 상황 9개 항목〉
① 동거가족이 없거나, ② 무직이거나, ③ 가족관계가 원만하지 않거나,
④ 요양등급 및 장애등급이 높거나, ⑤ 의료급여대상자이거나,
⑥ 주거상황이 불안정 하거나, ⑦ 경제적으로 열악하거나,
⑧ 주변에서 지원받을 자원이 부족하거나, ⑨ 본인과 가족이 문제해결능력 부족한 경우

보훈대상자의 고령화와 더불어 지역에서 계속 거주하며 서비스를 받는 **재가복지 서비스의 중요성과 범위가 확대**되면서, 향후에도 지속적으로 재가 서비스가 다양해질 예정이다. 따라서 보훈대상자에게 보훈공단의 주요 자원인 의료와 복지 서비스의 융합을 통한 최적의 서비스를 제공하도록, 전담 조직을 구성하고 통합의료 서비스의 인력을 충원해야 한다. 현재 운영되고 있는 12개 서비스에 대한 통합 시스템이 실질적으로 개별 서비스 위주로 이루어지기 위해서는 팀 어프로치를 통해 각각의 서비스를 유기적으로 연계시키는 것이 중요하다.

또한 12개 서비스의 신청 방법이 각기 다르고 모든 서비스의 신청과 과정, 결과를 종합적으로 관리할 수 있는 시스템을 갖추어, 수요자 중심의 서비스를 제공하고 쉽게 접근할 수 있도록 해야 한다. 그리고 모호한 서비스의 경계선을 확실히 구분하며, 서비스의 효율성과 통합 서비스의 정체성 확보를 위해 일관성 있는 서비스 지원 체계를 재정립해야 한다.

아울러 병원의 의료 서비스를 지원하는 업무 외 복지 서비스 6가지(가정간호, 방문재활, 가정 호스피스, 전화진료상담, 치과전화상담, 복약상담)에 대해서 업무를 안정적으로 명확히 해야 한다. 보훈대상자의 특수성과 고령화 등, 재가복지로의 패러다임 전환 등과 함께, 증가하는 통합 서비스 수요에 주목하여, 대상자 사례관리와 사후관리를 위한 인력 충원이 필요하다.

보훈대상자의 연령과 질병(재활, 신체 및 정신장애, 치매 및 돌봄 중심으로)에 따른 지원 서비스가 진료 때는 물론 퇴원 이후에도 연계되어 지속적으로 지원되도록 하는 것이 중요하다.

현재 보훈병원에서 퇴원하는 환자의 사례관리 비율을 50% 이상으로 끌어올리고, 위기 환자에 대한 상담 및 사례관리를 체계적으로 진행할 수 있는 통합 시스템을 구축하기 위한 노력이 가시화되고 있다.

〈표 9〉 현재 본사와 병원의 통합 서비스 업무

본사 통합 서비스부	각 병원 통합 서비스부
통합 서비스 사업관리 - 각 병원별 서비스 실적 관리 - 통합 서비스 성과 지표 관리 - 병원 서비스 지원(워크숍 개최 등) - 고객 만족 관리 및 개선	**퇴원 계획 수립 및 사례 관리** - 퇴원환자 상담 및 사례관리 결정 - 장·단기 사례관리 실시 **기타 업무** - 지역사회연계(자원연계) - 임종정보서비스 제공 - 치매 예방
주거환경개선 - 주거환경 사업 계약 및 기획 관리 - 주거 환경 사업 회계 및 정산 - 현장 실사 및 공사 검수 관리 등	**의료 및 복지 서비스 연계** - 가정간호서비스 - 방문재활서비스 - 가정 호스피스 - 방문보장구 - 전화진료상담 - 치과전화상담 - 복약상담

출처: 보훈교육연구원, 2019

5. 보훈의료복지 서비스 체계화

고령의 보훈대상자의 삶의 질에 기여하고, 좀 더 복합적이며 통합된 서비스시스템을 구축하는 것은 국가유공자를 위한 보훈정책 실천의 길이며, 이는 곧 국가를 위한 희생과 헌신에 보답하는 국가의 책무를 다하는 길이다.

분산되어 있는 의료사회 서비스가 통합적인 시스템 안에서 체계화되어, 거동이 불편하거나 지원이 필요한 보훈대상자에게 사후에도 지속적인 서비스로 연계되도록 하는 것이 중요하다. 현재 각 보훈병원의 통합 서비스팀의 업무는 퇴원 상담을 통한 사례관리에 주된 목적을 두고 있는데, 이는 향후에도 더욱 활성화되어야 하고 지원해야 하는 부분이다.

보훈병원마다 사례관리 대상자의 수를 예상할 수 있기 때문에, 대상자의 수요가 무엇인지 파악하고, 대상자에 맞는 서비스를 지원하는 것이 바람직하다. 사례관리의 가장 큰 장점은 공급자에게는 의료비 절감이라는 경제적 편익을, 그리고 수혜자에게는 질병 예방과 삶의 질 확보라는 일상생활의 질적 편익을 부여한다는 점이다.

그리고 사후에도 진료상담과 재활 등의 몇 가지 서비스에 대해서는 서로 연계시켜 지원하는 것이 효과를 나타내고 있다.

일반적인 공공의료복지 연계사업은 취약대상자의 발굴 및 의뢰, 의뢰접수 및 대상자 결정, 의료 서비스 제공, 지역사회 복지 서비스의 연계로 이루어진다고 할 수 있다. 즉 의료 및 진료 기능을 수행하면서, 지역 내 협력 체계 총괄·조정 및 지역의료 역량 강화를 위한 지원을 수행하며, 퇴원(예정) 환자에 대한 원내 가정 복귀 지원 사업 또는 관련 기관 사례관리, 퇴원 이후 모니터링을 수행하는 것이다. 환자 초기 평가를 통해 대상별 서비스 지원의 범위를 정하고, 정해진 서비스 지원 유형에 따라 전담 인력을 투입해 주기적으로 상황을 점검하고 사례가 종결한 후에도 3회 이상 모니터링을 하는 것을 기본으로 하고 있다. 2014년 보훈병원은 국제기능장애 건강분류표에 의거하여 98개 항목의 보훈기능장애건강분류표를 구축하여, 보훈가족 중 거동이 불편한 환자(뇌졸중 및 척추환자)의 신체기능, 장애정도, 건강상태 등 평가에 활용하고 있다.

병원 퇴원 예정인 만성복합질환 및 신규 중상이 환자 중에서 케어매니저와 초기상담을 통해 사회적 상황과 관련된 9개 상담 항목 중 5개 이상에 해당되어 지속적인 도움이 필요한 경우에는 장기 서비스 대상자로 선정하여 지속적으로 관리하고 있다.

9개 상담 항목에는 ① 동거가족이 없거나, ② 무직이거나, ③ 가족관계가 원만하지 않거나, ④ 요양등급 및 장애등급이 높거나, ⑤ 의료급여대상자이거나, ⑥ 주거 상황이 불안정하거나, ⑦ 경제적으로 열악하거나, ⑧ 주변에서 지원받을 자원이 부족하거나, ⑨ 본인과 가족이 문제 해결 능력이 부족한 경우 등이 포함되어 있다.

통합 서비스는 기본적으로 의료와 관련한 모든 상담을 진행하는 곳이기 때문에 의료상담과 연계할 수 있는 의료 전문직이 필요하고, 현재의 사례관리 체계를 유지하고 더욱 강화해 나가기 위해 케어매니저와 사회복지사의 역량 강화에 노력하고 있다. 이 외에도 의료와 관련한 복약 상담은 물론 개개인에 맞는 균형 있는 영양 섭취를 제안하기 위한 영양사 등의 전문직도 사례회의 등에 참여하도록 하고 있다.

보훈의료복지 서비스의 체계화는 병원의 외래·입원 환자뿐 아니라 잠재적 의료·복지 환자의 발굴과 예방, 보훈대상자의 평생 건강관리 기능을 강화하는 데 기여한다. 또한 질환 특성에 맞춰 의료·복지, 재가, 지역사회 서비스를 연계하여 예방에서 임종까지 전 생애에 걸친 맞춤형 원스톱(one-stop) 서비스도 조직화되어 가고 있다.

통합 서비스의 역할과 기능을 확대하고 의료복지 서비스의 안정적인 유지와 발전을 도모하기 위해서는 의료복지사업을 전담할 수 있는 직원을 양성하고 조직의 규모를 키워야 한다. 또한 통합 서비스 사업의 특성상 다양한 직종의 전문가를 포함한 인력 확보 및 조정 등이 필요할 것으로 보인다.

〈그림 1〉 본사와 병원의 통합 서비스 개선 방향

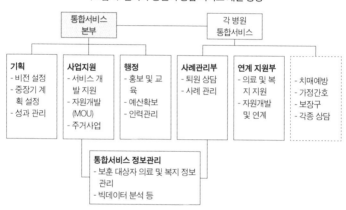

출처: 보훈교육연구원, 2019.

IV. 지역사회 보훈복지와
공동체의식의 함양

변해영_ 을지연구원

1. 지역사회 보훈복지 환경의 변화

최근 4차산업혁명 시대에 따른 산업구조의 변화와 코로나19로 더욱 심각해진 인구구조의 격변에 따른 고령화 현상은 우리 사회 전반에 사회복지 서비스에 대한 욕구를 크게 증대시키고 있으며, 사회복지 서비스 대상자도 특정 문제를 지닌 개인뿐만 아니라 일반 국민 모두에게로 확대되고 있다. 이러한 복지 서비스 대상자들은 다양하고도 복합적인 복지 욕구를 지니고 있으며, 동시에 여러 기관의 사회·경제적 복지 서비스를 요구한다. 세상은 점점 더 좋아지고 사람들의 삶 또한 워라밸(work-life balance)의 가치를 더욱 중요한 기준으로 삼고 있지만, 한국 사회의 복지 서비스 현장은 실로 만만치가 않다.

코로나19 팬데믹으로 경제적 어려움에 직면한 비정규직, 특수고용노동자, 영세자영업자 등 사회적 약자에게 제대로 된 복지

안전망이 원활하게 작동되지 않고 있기 때문이다. 우리는 피부로 느낄 정도로 더 민주적인 사회와 더 풍요로운 공동체에서 살고 있지만, 이상하게도 평범한 사람들은 예나 지금이나 안정적인 삶을 살아가지 못한다.

가난한 노인은 폐지를 주어야 하며, 부유한 부모를 만나지 못한 청년은 불공정한 경쟁에서 살아남기 위해 몸부림치고, 공장노동자는 실직과 폐업의 위협, 그리고 직장의 안전이 담보되지 못하는 열악한 노동시장에서 불안한 삶을 살고 있다.

더군다나 우리나라의 독립을 위해, 호국을 위해, 민주화를 위해 희생하고 헌신하신 국가유공자조차도 보훈대상자로서 합당한 예우를 받고 있지 못하다면, 공정하고 정의로운 사회는 더욱 아니다. 그분들이 외톨이가 되고 충분한 돌봄을 받지 못하다고 인식되면, 누가 나라가 위태로워지는 또 다른 시간에 홀연히 나서서 동포와 가족을 지키겠는가? 존경의 보훈으로 지극히 돌보아야 할 그들은 누구보다도 우리의 터전을 목숨으로 지켜온 분들이기에 아낌없는 예우를 제공하는 것이 당연하다.

우리나라는 이미 2018년에 65세 이상 인구가 전체 인구의 14%를 넘어서면서 고령사회로 진입하였으며 초고령사회가 임박함에 따라 복지 수요의 변화가 요동치고 있다.

이러한 변화의 경향 중에서 두드러진 현상은 일정한 복지시설에 수용되지 않고 가정에서 다양한 복지 서비스를 받고자 하는 재가복지 서비스 욕구가 날로 증가하고 있다는 사실이다. 이러한 복지 수요의 변화는 국가보훈대상자도 예외는 아니다.

2021년 2월 기준(e-나라지표) 국가유공자의 전체 평균연령은 아래 〈표 1〉에서 보듯이 71세에 도달하고 있는 것으로 나타난다. 특히 독립유공자 본인의 평균연령은 95세이며, 독립유공자 유족의 평균연령 또한 77세의 노령으로, 해마다 고령화가 매우 빠르게 진행되고 있다. 보훈대상자를 위한 다양한 형태의 보훈복지 서비스가 지역사회의 공동체 복지 서비스 제도와 연계되어 좀 더 빠르고, 더욱 적합하게, 그리고 꾸준히 함께 전개되지 않는다면, 보훈의 나홀로 서비스가 늘 외롭게 이루어지면서, 국가보훈의 위상은 세대 간의 통합과 연결의 이미지가 아니라, 국가공동체와 지역사회, 그리고 그들 간의 단절과 분절의 대상이 되지 않을까 심히 우려하지 않을 수가 없다.

〈표 1〉 국가유공자 평균연령 현황

	2013	2014	2015	2016	2017	2018	2019	2020
전체평균	71	72	72	72	73	71	71	71
독립유공자본인	90	90	92	92	93	94	95	95
독립유공자유족	74	75	75	76	76	76	76	77
전공상군경본인	63	64	64	65	65	65	66	67
군경유족	69	70	70	71	71	71	72	72
무공보국수훈자	71	72	72	72	72	72	73	73
기타	73	74	75	75	76	65	66	71

출처: 국가보훈처 보훈정책자료시스템

최근 우리나라 사회복지 서비스 전달 체계 영역에서는 분절 (分節)이라는 용어가 빈번하게 회자되고 있다. 분절은 '사물을 마디로 나눔', 또는 '그렇게 나눈 마디'라는 뜻으로서, 반드시 개선이 필요한 상황을 묘사하는 일종의 사회적 현상을 지칭하는 전문용어(jargon)라 할 수 있다. 분절을 우리가 포괄적으로 이해할 경우, 이는 중앙 및 지방정부, 그리고 일선 전달 사회 서비스 기관에서 다양한 사회 서비스가 개별적으로 혹은 따로 제공되는 현실과, 이로 인해 발생하는 전달 체계 관련 문제점으로 이해할 수 있다. 이는 지역 내 사회 서비스 이용자에게 연계서비스를 효율적으로 전달하지 못한다는 의미이며, 특히 보훈복지 서비스가 지역 내 사회복지 서비스와 중복되거나 혹은 과소 공급되는 현상을 의미한다고 볼 수 있다.

국가보훈은 과거에 대한 현재의 보답이고 국가 미래를 위한 준비이다. 그렇다면 우리는 우리가 바라보는 존경스러운 보훈 대상자에게 무엇을, 어떻게, 왜라는 명제를 끊임없이 던져서 늘 미래진행형으로 통합 서비스를 추구하고 연결형 협력 사업으로 보훈 서비스를 추진해야 한다. 보훈 종사자들은 언제나 실시간형으로 퍼즐을 맞추어 가듯이 보훈대상자를 찾아가고 주인을 받드는 낮은 자세로 임해야 한다.

종교를 떠나서 진솔하게 생각해 본다. 성경에 보면 "누가 현숙한 여인을 찾아 얻겠느냐. 그의 값은 진주보다 더하니라.(잠언 31:10) 그런 자의 남편의 마음은 그를 믿나니 산업이 핍절하지 아니하겠으며(31:11), 그는 곤고한 자에게 손을 펴며 궁핍한 자를 위하여 손을 내밀며,(31:20) 능력과 존귀로 옷을 삼고 후일을 웃으며.(31:19)"라는 구절이 있다.

나의 이익이 아닌 일에 나서서 남을 돕는 일은 쉽지 않다. 그러나 돈보다 귀한 것은 고귀한 성품이다. 지극히 낮은 자에게도 최고의 서비스를 제공하기 위해선 어떤 자세를 가져야 할까? 보훈대상자를 위하여 일하는 국가보훈처와 예하 관련 조직은 어떻게 하면 국가유공자를 만족시킬 수 있을까? 신뢰를 받기 위해서는 무엇부터 해야 할까? 그분들과의 약속은 어떻게 지켜야 할까? 정직하고 솔직한 태도를 어디서부터 가져야 할까? 혹시 무리한 요구를 하는 보훈대상자들이 계시면 그분들이 왜 자존감이 낮아졌는지, 왜 효능감이 떨어졌는지 관점을 바꾸어 보는 것은 어떨까?

이 글에서는 이런 생각을 떠올리면서, 그분들의 복지후생 욕구(needs)를 잘 확인하여 최고의 보훈복지 서비스를 성실하게 제공하는 사례를 연구해 보고자 한다.

잠언에서 솔로몬이 말한 기본 메시지는 "우리는 어려운 이들을 돕기 위해 존재한다."는 내용일 것이다. 국가보훈업무를 수행하는 사람들은 공복으로서, 업무의 동기와 신념을 확고히 할 필요가 있다. 항상 너그러운 태도와 품위를 지키면서도 오만하거나 차갑지 않아야 한다. 그리고 그들을 이해해야 한다. 영어의 'understand'를 직역하면 '상대방의 아래에 선다는 의미'이다. 보훈대상자를 이해하기 위해선 보훈대상자 위에서 내려다보는 자세가 아니라 항상 낮은 곳에서 받드는 겸손의 자세를 바탕으로 숙련된 전문성을 가지고 상호 간에 기품과 고귀함을 주고받아야 한다.

그분들과의 대화 소통에서 어떤 구조화된 시스템이 보훈대상자들을 가장 존귀하게 받들고, 어떤 채널이 그분들을 가까운 방식으로 섬기고 다가갈 수 있는 것인지를 고민해야 한다. 이러한 시각은 존경하는 보훈의 대상과 지혜로운 대상으로서 섬기는 자의 관계 설정을 어떻게 하면 바람직하게 하면서, 또한 인애롭게 문제를 처신하고 해결할 수 있을까 하는 태도의 차원으로 접근해 볼 수 있다.

이 글에서는 이런 관점을 가지고 초기연구의 설정을 이렇게 시작해 본다. 사회복지 서비스에서는 서비스 주체들 간의 연계를 협력(partnership)으로 표현하고 있으며, 이러한 주체들 간의 협력 관계는 3단계 발전 과정을 거친다는 것이다.

첫째 단계에서는 각각의 서비스 대상 간의 협력은 특이한 경우에 일시적으로 발생한다. 둘째 단계에서의 서비스 간의 협력은 지역에 있는 여러 분야의 유형의 기관들 사이에 정기적인 연락을 취하는 형태로 유지된다. 셋째 단계에서의 서비스 간의 협력은 지역에 있는 여러 분야의 기관과 사람들이 하나의 지역 팀을 만들어 함께 서비스를 제공하는 형태를 취한다.

이런 협력의 과정과 절차를 짚어 보면서, 보훈복지 서비스도 지역사회와 연결된 통합 서비스가 되도록 하고, 전문 서비스가 필요한 보훈대상자에게 그 서비스의 위치를 지역사회가 함께 제공하며, 이용 가능한 교육을 동시에 진행하면서, 보훈대상자의 니즈(needs) 해결을 위해 타 복지기관과 협력 또는 공조하는 방안을 포괄적으로 모색해 보기로 한다.

이를 위한 구조적 접근법으로 먼저 나라의 보훈업무를 관장하는 국가보훈처 예하 보훈(지)청에서 실시하는 지역사회 복지사업을 각 보훈관서 홈페이지를 통해서 사례별로 우선 탐색하면서, 지역사회 복지 서비스 체계와 연계 가능성을 모색해 보고, 현상학적 관점에서 보훈(지)청 주도의 지역사회 서비스 지원 사례의 발전 방안을 제시해 보겠다. 그리고 지역사회와 함께 하는 보훈의 공동체 정신은 무엇이고, 이어서 '지역사회 통합 돌봄 모델'을 중심으로 보훈과 친근한 시민 유대감을 공고하게 형성하는 방향을 제시해 보고자 한다.

2. 보훈과 연결되는 지역사회 복지사업

1) 보훈과 지역사회의 연계성

국가보훈처는 지난 5년간 보훈급여금을 각종 사회 경제 지표를 상회하는 수준으로 지속 인상하였으며, 참전명예수당과 전상수당을 대폭 인상하는 등 보훈대상자의 실질소득 강화를 통한 생활수준 향상을 위해 크게 노력해 왔다. 그러나 여전히 실질소득 지원의 사각지대를 해소하기 위한 맞춤형 복지지원제도와 지역 사회와 연계한 보훈복지 서비스를 실행하려면 끊임없는 연구와 추가적인 노력이 더욱 필요하다.

이 땅의 보훈대상자들은 조국의 독립과 자유와 평화, 민주주의를 지키기 위하여 가장 소중한 것마저 희생하며 살아오신 애국자이다. 우리에게 식민의 굴레에서 벗어나 자주를 쟁취하게 하였으며, 폭력과 전쟁으로부터 자유를 굳건하게 지켰으며, 행복한 민주주의를 선물로 주었다. 외침이나 전쟁으로부터 국가를 지키는 국민정신의 마지막 보루(堡壘)이며 원동력이 되어왔다.

보훈의 상징적인 방법은 희생과 공헌의 숭고한 가치를 높이 선양하여 기억하고 후대에 계승하는 정신적 활동이다. 또한 실질적인 보훈의 방법은 물질적 보상과 예우를 통해 영예로운 삶을 보장하는 것이다. 결국 보훈은 국가를 위해 희생하거나 공헌한 사람에 대한 국가적 차원의 예우이며 국민정신이기 때문에 국가의 책무이며 국민의 자발적인 의무로 요약할 수 있다.

보훈은 시대와 나라를 불문하고 공동체 사회 속에서는 어디서나 존중되고 있다. 봉건시대와 근대국가에 이르기까지 군주의 중요한 덕목이었으며, 현대에서는 국가가 유지되는 절대적인 시민의 정신과 이념으로까지 기능하고 있다. 국가와 국민을 통합하고 국가공동체와 지역사회 발전의 정신적 토대이며 끈끈한 연결고리로 자리매김하고 있다.

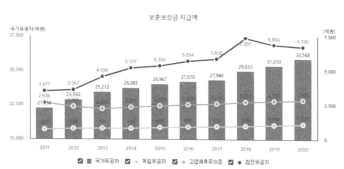

〈그림 1〉 국가유공자 보상금 지급현황

출처: 국가보훈처 내부행정자료(e-나라지표)

앞으로 보훈의 정책과 시행은 지역사회의 공동체와 늘 함께 생각하고 움직여야 한다. 공동체 의식 속에서 보훈의 정신과 기능은 지역사회에서 자발적으로 작동하고, 각각의 유형들과 자연스러운 연계성을 가지고 움직일 수 있어야 한다.

보훈대상자들이 주거하고 있는 그곳, 그들이 숨을 쉬고 노래하고 운동하고 함께 부대끼며 살아가는 지역사회에서 복지 서비스와 연계된 보훈정책이 유용하게 제공되어야 한다. 그러기 위해 보훈 정책 집행자는 지역 공동체를 알아야 하고 지역사회의 복지 서비스 체계와 생리를 누구보다도 잘 파악해야 한다.

더불어, 오랜 기간 '읍·면·동 복지 허브화' 등을 통해 변화를 요청받고 있는 복지 전달 체계와의 연계성을 더욱 내실화하고, 보훈대상자의 맞춤형 서비스를 강화하며, 통합적 서비스가 처음부터 체계적으로 이루어지도록 촘촘한 전산망을 통해 관리해야 한다.

2000년대 중반 이후 사회복지 제도가 전반적으로 확대되면서 복지 서비스 전달 체계도 의미 있는 관심사로 부각이 되었다. 복지 서비스의 전달 체계가 핵심적인 정부 정책 과제로 논의되면서 이와 관련된 실질적인 정책들이 추진되고 있다.

다음 〈그림 2〉 지역사회 통합 돌봄 시스템에서 나타나듯이, '사회복지' '전달 체계'는 사회복지 수요자(이용자·수급자)가 필요로 하는 재화(급여·서비스)를 이용하고 제공을 받기까지의 종합적인 과정이다. 이것은 "지역사회에서 사회복지 편익을 소비자와 분배자 간에, 그리고 분배자들 사이에 조직적으로 배분하는 체계(Gilbert & Specht, 1986)"로서, "전달자와 고객이 상호관계를 이루면서 서비스를 직접 전달하는 절차는 물론 서비스 전달을 기획, 지원, 관리 기능 수행과 서비스의 직접 전달 기능을 수행하는 것"(성규탁, 1992)까지 다양한 방식으로 설명되고 있다.

국가나 지역사회가 필요로 하는 사회복지의 기능을 통합할 수 있는 유용한 도구라고 볼 수 있다.

〈그림 2〉 지역사회 커뮤니티 돌봄 케어 개념도

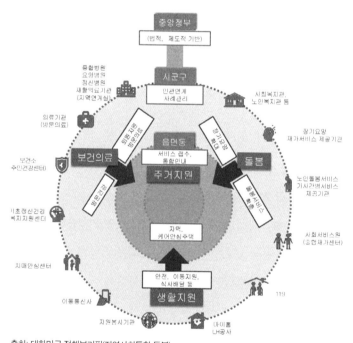

출처: 대한민국 정책브리핑(지역사회통합 돌봄)

따라서 사회복지 서비스 실행과 관련된 조직 및 프로그램들의 체계를 다루는 것을 사회복지 서비스 전달 체계라 본다면, 이는 공공부조 전달 체계와는 달리, 휴먼 서비스(human service)라는 속성이 강하게 반영되어 있다. 그 휴머니즘을 유효하게 다루려면 지역 공동체의 명망 있고 실력 있는 전문가를 중심으로 사회복지 서비스와 보훈복지 서비스를 통합시키는 노력을 더욱 지속적으로 기울일 필요가 있다.

　　왜냐하면 범정부 차원의 사회보장 정보 시스템을 통해 집행되는 복지급여의 수급 패턴을 분석하여 보면, 기초생활수급을 중심으로 하는 노인 서비스 군의 사회보장사업은 〈표 2〉에서와 같이 사업 간 연관성이 매우 높게 나타나기 때문이다. 설령 복지사업별 상이한 전달 체계가 존재하더라도, 전산 또는 업무처리상에서의 서비스 연계(seamless service)가 이루어지면 일반 국민과 보훈대상자가 한 장소에서 서로를 위한 전달 체계의 통합도 가능하다고 보기 때문이다.

　　우리는 위와 같은 사례를 적용한 모델을 쉽게 찾아볼 수 있다. 2021년 국가보훈처 업무계획에 의하면, 고령화 추세에 따라 의료-요양-안장 등 예우 시책을 확대하면서 보훈대상자들이 지방에서도 의료 서비스에서 소외되지 않도록 위탁병원을 계속 확대하면서(2021년 10월 현재 469개소) 의료 접근성이 크게 강화되었다. 보훈대상자가 거주지 인근에서 적은 부담으로 의료 서비스를 받는 것이 더 편리해진 것이다.

〈표 2〉 전체 사회보장사업 수급자 대상의 중심사업 대비 노인 대상 연관사업

노인대상	기초수급	기초사업군	생계급여	의료급여, 주거급여, 장제급여
		의료지원군	의료급여	지역사회건강증진사업, 의료급여본인부담지원, 암환자의료비지원, 회귀난치성환자지원사업, 건강검진비지원, 노인돌봄, 문화통합이용권, 장애수당, 장애수당, 장애인연금, 긴급복지의료비지원
		주거지원군	주거급여	기존주택매입임대서비스, 국민임대주택, 영구임대주택, 저소득에너지효율화서비스, 에너지바우처서비스
		근로지원군	자활근로	자활장려금, 문화통합이용권, 지역사회건강증진사업
	기초비수급	노인지원군	기초연금 지역사회통합건강증진사업	노인돌봄서비스, 노인사회활동지원사업, 치매치료관리비지원사업, 감면사업, 장애인연금, 장애수당, 독거노인응급안전돌보미, 농어업인건강보험료지원, 국민임대주택

출처: 한국보건사회연구원 연구보고서 2016-37

　　예를 들면 강원도 정선군의 보훈대상자가 위탁병원을 이용하고자 할 때 이전에는 3시간 이상 소요된 것이 1시간으로 단축되었다. 또한 고혈압과 당뇨를 앓고 있는 참전유공자 ○○○씨(89세)는 만성질환으로 주기적인 병원 진료가 필요하였지만, 1시간

이상 떨어진 보훈병원을 이용하기는 쉽지 않았다. 그동안은 인근 민간병원에서 진료비 전액을 자비로 부담하면서 치료를 받았다. 그러나 집에서 15분 정도 떨어진 곳에 있는 병원이 위탁병원으로 추가 지정되어 언제든 편리하게 진료를 받게 되었다. 특히 의료비도 약 1/10로 줄어들어 경제적 부담을 한층 덜게 되었다.

이제는 의료 서비스뿐만 아니라 보훈대상자에게 필요한 생애설계 서비스를 일반 시민 복지 서비스를 제공하는 관련 시설에서 받을 수 있도록 구조화하는 방안은 없을까 생각해 본다.

지역사회를 촘촘하게 연결하는 복지 체제를 구축하고 지역사회모델(보건·의료 서비스 + 지역복지 공동체 서비스팀)의 사례를 발굴하면 얼마든지 만들 수 있다. 물론 그 진행 과정에서 보훈대상자의 정신적, 물질적 예우와 보상 서비스가 보훈처와 보훈(지)청의 보훈복지 서비스를 기반으로 지역사회 복지 서비스 기관과 연계하여 물 흐르듯이 제공된다면 최선의 시스템이 될 수 있다.

물론 지금도 보훈대상자가 보훈(지)청을 통해 교육 및 취업 관련해 지원도 받고 보훈병원과 위탁병원을 통해 치료 및 재활 지원도 받고 있지만, 여기에다가 여가복지 서비스, 재취업 관련 교육, 생애설계 차원의 건강관리 및 재무설계, 사회참여, 사회공헌 활동, 대인관계 지원 등 다양한 복지 서비스를 지역의 복지사회

모델에서 함께 보살펴 준다면 얼마나 좋을까 생각한다.

보훈정책이 국가와 지역사회 내 보훈가족을 서로 이어주는 징검다리 역할을 하기 위해서는 지역사회 '돌봄케어커뮤니티'와 더 많이 연계될 수 있도록 노력해야 한다.

2) 보훈(지)청 주도의 보훈복지 서비스 사례

국가보훈처 예하에는 5개의 보훈청과 21개의 보훈지청이 있다. 이들은 국가와 국민을 잇는 단단한 보훈의 사슬로 기능하고 있다. 이들은 국가가 책임지는 영예로운 보훈을 기치로 국가유공자를 위한 돌봄과 케어(care)를 담당하는 중심 부처이다.

특히 지역의 보훈관서인 보훈(지)청에서 실시하는 국가유공자의 영예로운 삶을 위한 다양한 활동은 국가가 먼저 책임진다는 것이 무엇인지 적절히 보여주고 있다. 특히 일반 복지보다 높은 수준의 보훈복지를 위한 맞춤형 지원과 보훈대상자의 자립 역량 강화, 지역과 일상으로 스며드는 보훈 문화 조성으로 국민과의 유대감을 높이는 데 크게 기여하고 있는 것은 자명한 사실이다.

여기서는 첫째, 맞춤형 복지지원을 위해 체감도가 높은 서비스를 지원하고 있다. 보훈대상자의 위기 정보를 선제적으로 파악하여 중점 관리하고, 상이 국가유공자의 교통편의를 증진시키는 교통카드 발급, 치매 예방 등 재가복지 서비스를 확대하고 있다.

둘째, 보훈대상자의 자립 역량을 강화하기 위해 국가유공자를 대상으로 공공부문 일자리를 확충하고 전문자격 취득과정 확대 등을 통하여 보훈대상자가 혼자서도 굳건하게 설 수 있는 힘을 길러 주고 있다.

셋째, 일상과 지역사회에 스며드는 보훈 문화 조성으로 국민과의 유대감을 형성하고 독립과 호국, 그리고 민주의 가치를 균형있게 전달하고 있다. 국민 중심의 보훈 행사 및 수요자 맞춤형 중심의 보훈 문화 콘텐츠는 미래 세대와 연대하는 가능성을 높여주고 있다.

특히 학생을 대상으로 한 월간지 발간(초등학생), EBS 연계 학습영상(중·고등학생), 보훈 교과서 개발(고등학생), 가족이 기획하는 보훈여행, 교사를 대상으로 한 보훈 문화 교육 포럼 추진 등은 우리 일상과 지역사회를 기반으로 하지 않으면 성공할 수 없는 정책들이다.

예를 들면 각 지방 보훈 관서에서 실시하는 「현충시설 활성화(체험·탐방) 지원」 사업, 호국보훈의 달 「나라 사랑 체험팩」 프로그램에서는 일반 국민이 관심을 가질 만한 매체를 활용하면서 지역 생활 속에서 애국심을 함양할 수 있게 만든다.

〈그림 3〉 전국 지방 보훈 관서 / 국립묘지 현황

출처: 국가보훈처 홈페이지

　광주지방보훈청에서 2020년 11월에 실시한 'LG이노텍 노동
조합 광주지부 봉사단'의 보훈가족 「사랑의 김장김치 나눔」 행
사는 보훈 정신이 스며든 전형적인 지역 커뮤니티 행사라고 할
수 있다.

　그리고 2018년도에 보훈처에서 실시한 65세 이상 독거 국가유
공자 118,717명에 대한 '복지실태조사'는 '촘촘한 맞춤형 복지 서

비스'를 보훈 일상의 저변까지 확대하기 위한 실질적인 보훈복지 서비스의 사례라고 볼 수 있다.

이 당시의 보훈대상자의 평균연령은 73세로서, 민간 복지자원과 연계하여 보훈의 사각지대를 선제적으로 파악하기 위한 조치였다. 보건복지부에서는 〈복지 사각지대 발굴 시스템〉을 운영하고 있고, 행정안전부에서는 65세 이상 고령 독거 대상자를 긴급지원 대상군과 잠재적 위험군으로 분류하여 상황별로 케어플랜(care plan)을 수립하여 지원하였으며, 거동이 불편한 저소득 독거 및 노인부부 세대는 주2회 가정을 방문하여 가사지원을 하는 사업은 '찾아가는 보훈 서비스'를 제공하는 우수사례라고 할 수 있다.

뿐만 아니라 생계 곤란 등 복합적인 문제로 특별한 지원이 필요한 가구는 '보훈 나눔 플러스 사업'*을 신설하여 위기 사유별로 정상적인 생활이 가능할 때까지 지원하였고, 긴급지원이 필요한 가정을 발굴하고 위기상황에 놓인 가정을 도와주기 위한 '보훈

---

* 찾아가는 보훈서비스 고령, 퇴행성 또는 만성질환 등으로 인한 거동불편으로 일상생활을 영위하는데 어려움을 겪고 있는 보훈대상자의 가정을 보훈 섬김이 등 복지인력이 방문하여 가사 지원 등 개인별 필요에 알맞은 재가 복지 서비스를 제공

나눔플러스(+)사업"*을 추진하고, 긴급한 지원이 필요하지 않은 잠재적 위험군은 월 1회 이상 안부 전화 등 주기적 모니터링을 통해 위기 상황을 미리 예방하도록 하였다.

3. 보훈을 중심으로 하는 지역사회 공동체 형성

1) 지역사회와 연계한 보훈의 공동체 모델

최근 각 지자체에서는 민주시민학교 아카데미 과정을 통해서 서울 종로에 있는 임시정부기념관을 탐방하는 특별한 프로그램이 있다. 기념관에는 임시정부 수립에서부터 대한민국 정부로 계승되기까지의 이야기가 일목요연하게 잘 전시되어 있다. 필자 또한 지역 현장 탐방을 통해서 교과서에서 글로만 배우던 역

---

* 보훈나눔플러스(+)사업 보훈제도 내에서의 지원과 지역사회의 나눔을 더하는 맞춤형 보훈나눔서비스로 복 지의 사각지대에 있거나 위기상황에 놓인 보훈가족을 찾아내어 위기상황을 초래한 문제를 해결하기 위해 서비스 계획을 수립하여 지원하고, 해결이 어려울 경우 전문기관과 협업을 추진하는 사업

사를 입체적인 전시를 통해 대한민국의 뿌리가 임시정부에서 시작한다는 것을 생각하였으며, 이어서 서대문 형무소 역사관까지 둘러보고 우리의 지역에 산재한 가슴 아픈 애국의 현장을 직접 느끼면서 역사 체험을 할 수 있었다.

또한 몇 년 전에는 광개토대왕이 호령했던 대제국의 정기가 서려 있는 만주벌판과 우수리스크의 고려인민족학교, 그리고 이상설열사, 최재형열사, 안중근의사의 독립의 기개를 생생하게 볼 수 있는 러시아 연해주와 우수리스크 지역을 탐방하면서 지역사회 공동체가 보훈의 섬김 시설과 보훈대상자들을 향한 보훈복지서비스를 어디까지, 어느 곳에까지 도달시키고 완성해야 하는지를 깊이 생각한 적이 있다.

이러한 관점과 유사한 맥락에서 최근 보훈처에서 추진하는 공동체 정신 함양의 프로그램을 눈여겨보고 있다. 바로 「보훈의 선을 그리는 청년들」 프로그램이다. 미래세대에게 역사체험의 기회와 나라사랑의 마음을 높이기 위해 국내 보훈사적지를 찾아가는 기획 프로그램으로 탐방노선이 독립·호국·민주의 가치와 보훈의 의미를 담고 있는 전국의 지역에 산재되어 있는 사적지인 것이다.

〈그림 4〉「보훈의 선을 그리는 청년들」보훈사적 탐방단 홍보 이벤트

출처: 국가보훈처

　「보훈의 선을 그리는 청년들」은 2박 3일 기준으로 청년들이 직접 기획하여 진행하고, 이후에 방문 사적지에 대한 콘텐츠를 제작하여 제출하면 우수작을 포상하는 제도이다. 청년과 지역이 만나는 보훈의 그림이 애국선열과 민주열사의 희생과 헌신을 이어주는 소중한 기획이라고 볼 수 있다. 물론 앞에서 언급한 서울지방보훈청에서 추진하고 있는 청소년 보훈현장 지역탐방 프로그램과 지역주민 및 기관과의 유대감을 조성하는 다양한 프로그램과 유사하지만, 직접 콘텐츠를 만들어 보훈사업에 참여한다는 의미는 높이 평가할 수 있다.

〈그림 5〉 서울지방보훈청의 청소년을 위한 지역 내 보훈현장 탐방프로그램

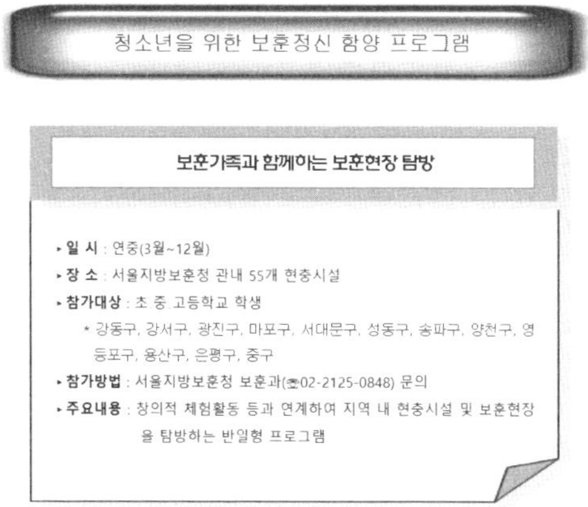

청소년을 위한 보훈정신 함양 프로그램

보훈가족과 함께하는 보훈현장 탐방

• 일 시 : 연중(3월~12월)
• 장 소 : 서울지방보훈청 관내 55개 현충시설
• 참가대상 : 초·중·고등학교 학생
   • 강동구, 강서구, 광진구, 마포구, 서대문구, 성동구, 송파구, 양천구, 영
     등포구, 용산구, 은평구, 중구
• 참가방법 : 서울지방보훈청 보훈과(☎02-2125-0848) 문의
• 주요내용 : 창의적 체험활동 등과 연계하여 지역 내 현충시설 및 보훈현장
     을 탐방하는 반일형 프로그램

출처: 국가보훈처 홈페이지

「보훈의 선을 그리는 청년들」은 청년들이 2박 3일간의 프로그램을 직접 기획하여 진행하고, 이후에 방문 사적지에 대한 콘텐츠를 제작하여 제출하면 우수작을 포상하는 제도이다. 청년과 지역이 만나도록 하고 애국선열과 민주열사의 희생과 헌신을 이어주는 소중한 기획이라고 볼 수 있다.

이것은 앞에서 언급한 서울지방보훈청에서 추진하고 있는 청소년 보훈 현장 지역 탐방 프로그램 및 지역 주민 및 기관과의 유대감을 조성하는 다양한 프로그램과 유사한 측면도 있지만, 직접 콘텐츠를 만들어 보훈사업에 참여한다는 의미와 취지는 높

이 평가할 수 있다.

2) 보훈을 중심으로 한 지역 공동체 의식 제고

국가보훈처는 2021년 6월에 호국보훈의 달을 맞아 일반 국민을 대상으로 국민의 보훈에 대한 인식조사를 실시했고, 이를 통하여 보훈 가족에게 우선적으로 필요한 정책 방향을 설정하였다.

이번 인식 조사는 일상 속 보훈 문화 조성과 미래 보훈의 발전을 도모하고 보훈을 통한 공동체 의식을 제고한다는 차원에서 시의적절한 의미가 있다.

조사 결과를 보면, 일반 국민들은 '보훈'을 생각할 때 응답자의 83.5%가 '필요하다'고, 76.7%는 '긍정적'이라 답하였고, '보훈'에서 사회 분열(7.0%)보다는 사회 통합(57.5%)을 연상한다고 보았다.

한편 국가와 사회를 위한 희생과 헌신을 기억하고 감사하는 것으로 보훈을 정의하는 데 대해서는 80.5%가 공감하였으나, 스스로 보훈을 실천하였는가에 대해서는 30%만 긍정적으로 답했다.

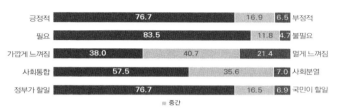

<그림 6> 국민의 보훈 연상 이미지

(단위 : %, n=2,000)

긍정적	76.7	16.9	6.5 부정적
필요	83.5	11.8	4.7 불필요
가깝게 느껴짐	38.0	40.7	21.4 멀게 느껴짐
사회통합	57.5	35.6	7.0 사회분열
정부가 할일	76.7	16.5	6.9 국민이 할일

■ 중간

출처: 국가보훈처 선양정책과

또한 보훈 대상일 경우 전반적으로 희생에 대한 경제적 보상과 기념하는 문화 조성이 모두 필요하다고 하였으나, 국가와 사회를 위한 헌신에 대한 경제적 보상은 66%가 부족하다고 보았고, 48%는 기억·감사하는 문화 조성이 되지 않았다고 답했다. 이어서 보훈 의식이 높으면 애국심과 국가에 대한 자긍심이 커지고 사회참여 의식 및 공동체에 대한 소속감이 강해질 것이라는 의미로 생각하고 있다.

반면에 사회문제 해결이나 공정한 사회 조성과 같은 보훈의 부가적인 기능과 역할에 대한 인식은 상대적으로 낮게 나타났다. 이러한 문제를 해결하기 위해서는 보훈단체를 포함하여 학교 및 교육기관의 역할이 중요하다는 인식을 공통적으로 가지고 있는 것으로 조사되었다. 최종 결과는 아래 〈그림 7〉과 같은 몇 가지의 시사점을 던져 주고 있다.

(단위 : %, n=2,000)

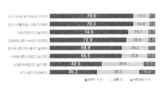

[보훈의식 확산의 기대효과]　　　[보훈 주체별 보훈의식 제고 역량]

출처: 국가보훈처 선양정책과

첫째, 미래세대가 자발적으로 주도하는 보훈 문화 조성이 무엇보다도 필요하다. 청년들과 함께하는 지역 보훈행사를 기획하고, 그들에게 관련 현장을 직접 체험한 뒤 보훈 문화 콘텐츠를 제작하여 국민과 함께 공유하는 시도를 각 지방 보훈 관서에는 더욱 적극적으로 추진할 필요가 있다. 보훈 문화 확산의 주체는 미래세대이다. 청소년들의 참여를 더욱 끌어내야 한다.

둘째, 세대를 초월하는 보훈 행사를 추진하면서 지역의 문화 축제 안에 세대와 공간을 연결하는 프로그램을 반영하는 구상을 해 보면 어떨까 하는 생각이 든다. 가령 프랑스의 퓌뒤푸(Puy du Fou) 축제를 연상해 봄직하다. 여기서는 슬픈 역사를 숨기지 않는다. 자라나는 아이들에게 아픈 역사도 우리 역사로 보게 하고, 그것조차도 우리가 가슴에서 용서와 포용으로 끌어 앉을 수 있는 역사적 시간과 통합의 공간을 연결하는 노력이 요구된다.

프랑스 방데(Vendae) 사람들은 그들의 터전을 '저항의 도시'와 '역사의 상처'로만 기억하지 않았다. '씨네쎄니'라고 하는 문화적 장르로 승화시키고, 역사와 지역의 문화를 고향의 공동체 의식으로 개념화, 관광화, 상품화하는 지혜를 발휘한 것이다.

셋째, 〈그림 8〉과 같이 보훈복지 서비스 제공에 있어서는 자치단체 행정기관인 시·군·구 사회복지과나 가정복지과의 일반 사회복지 행정업무와 상호 연계시켜 보훈 돌봄 케어서비스를 제공하도록 하고, 국가보훈처나 지방 보훈 관서에서 해결하기 어려운 전문적 복지 서비스 업무는 지역의 노인문제상담소나 부녀복지상담소 등에 의뢰하며, 보건의료 서비스는 국·공립 전문의료기관에 의뢰하여 서비스가 연계되도록 하여야 할 것이다.

또한 지역사회에 설치되어 있는 민간 사회복지시설 등과도 상호 정보 교환 및 자원 활용을 통한 유기적인 협조 체제를 유지하며, 필요한 전문 서비스를 상호 연계하면, 부처 간 협동심뿐만 아니라 국민과의 유대감도 더욱 강화될 것으로 본다.

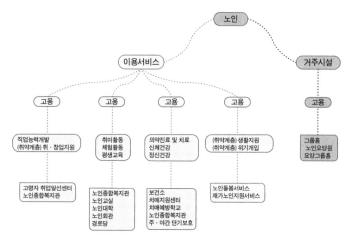

〈그림 8〉 지역사회 노인 대상 복지 및 보건의료 서비스 체계도

출처: 한국노동연구원 정책연구 2017-16

넷째, 국가유공자를 포함한 전체 보훈대상자들의 생애 설계
차원에서의 복지욕구 변화에 부응하여 서비스의 연계·의뢰를
효율적으로 추진해야 하고, 이를 위한 방법으로 사회복지시설이
나 행정기관 및 공공 서비스 제공 기관 간의 공식적인 지역복지
서비스 협의체를 구성하여 보훈대상자를 공동 관리하는 연계 프
로그램을 개발해야 한다. 아울러 제반 복지 시설 간의 역할 분담
및 지역복지 계획을 공동 수립하면서, 협의체의 재원 조달, 예산
확보와 운영 등에 관한 시·군·구 조례를 제정할 것을 제안한다.

<표 3> 지역사회 생애 설계 차원의 사회복지 서비스 사례 개념도

구분 / 지역			A구	B시	C군
영유아·아동·청소년		고용	직업능력개발, 취·창업지원	직업능력개발, 취·창업지원	직업능력개발, 취·창업지원
			청소년지원센터(꿈드림)	B시 청소년상담복지센터	청소년지원센터(꿈드림)
	이용	교육	정규교육(유치원, 어린이집, 초·중·고사설학원교육), 방과후교실, 학습공간, 대안교육, 학업중단예방, 진로교육	정규교육(유치원, 어린이집, 초·중·고사설학원교육), 방과후교실, 학습공간, 학업중단예방, 진로교육	정규교육(유치원, 어린이집, 초·중·고 사설학원교육), 방과후교실, 학업중단예방
			청소년문화센터, A구 청소년문화의집, 청소년지원센터(꿈드림), A구 청소년수련관	B시 청소년수련원, B시 청소년상담복지센터	C군 청소년수련관, 청소년지원센터(꿈드림)
		여가	취미활동지원, 체험활동지원	취미활동지원, 체험활동지원	취미활동지원, 체험활동지원
			청소년문화센터, A구 청소년수련관	B시 청소년수련원	C군 청소년수련관
		건강	의약진료 및 치료, 신체건강, 정신건강	의약진료 및 치료, 신체건강, 정신건강	의약진료 및 치료, 신체건강, 정신건강
			소아청소년과, 약국, A구 청소년수련관, 청소년상담복지센터, 건강가정지원센터, 육아종합지원센터	소아청소년과, 약국, 청소년상담복지센터, 건강가정지원센터	소아청소년과, 약국, C군 청소년수련관, 청소년상담복지센터
		돌봄	드림스타트, 멘토링	드림스타트	드림스타트
			A구 드림스타트, 지역아동센터, A구 종합사회복지관	B시 드림스타트, 지역아동센터	C군 드림스타트, 지역아동센터

출처: 한국노동연구원 정책연구 2017-16

다섯째, 보훈대상자가 일반 사회복지·보건의료 시설을 연계해 이용할 수 있는 체계를 구축하고자 할 때 우선적으로 개선되어야 할 사항은 각 지원 시설의 상담 기능의 활성화라 할 수 있다. 우선 상담 인력의 전문성 확보를 위해 각 시설의 상담 인력에 대해 보훈처에서 상호직무교육과 보수교육을 실시하고, 보훈대상자에 대해 서비스를 제공할 때 인센티브를 제공하며 우수 상담 사례 발표 및 보훈 관련 상담 세미나 등을 정기적으로 실시하도록 한다.

4. 지역사회복지 실천과 공동체로 가는 길

사회복지 서비스의 처음의 모습은 사회의 주류 시스템에서 이탈되거나 소외된 사람들을 동정의 시각으로 보호하거나 분리의 목적으로 수용 또는 감금하는 일이었다. 의존상태(dependence)와 시설보호(institutional care) 차원에서 수반되는 비인도성과 고비용의 문제는 탈시설(deinstitutionalization)의 문제를 제기하였으며, 탈시설과 함께 지역사회 자립(independence)이 본격적으로 추구되었다. 지금 우리 사회는 자립의 기반 위에서 지역사회의 따뜻함을 표현하는 포용(embracement)을 매우 중요하게 인식하고 있으며, 사회복지 서비스는 자립과 함께 상호의존(interdependence)이 중요한 과제가 되고 있다.

여기서 지역사회에서 이루어지는 사회복지 서비스의 과제는 자립의 기반 위에 상호의존을 조직화하는 일이며, 표준화의 기반 위에 인간화를 융합하는 과업이라고 할 수 있다.

이런 맥락에서 '커뮤니티케어 돌봄 시스템'은 시대적 흐름이 되고 있다. 공간으로서의 지역사회를 중심으로 지역사회 시민들과 함께 어울려 살도록 지역사회의 사회복지 서비스 시스템이 통합되고 연결되어 가고 있기 때문이다.

이러한 측면에서 앞에서 거론한 보훈을 중심으로 하는 지역사회복지 시설 간의 정보 교환 체계가 더욱 원활하게 작동할 수 있도록 구비하고, 각각의 지역 단위에서 지역의 특성과 보훈대상자의 서비스 분야와 규모를 특징적으로 파악하고, 민간 자원봉사자 및 민간 자원 관련 정보를 수집 관리하도록 하며, 이들 정보를 정리하여 보훈 복지지도(Welfare Map)를 개발, 활용하도록 하는 것이 좋다.

아울러 지역복지정보 시스템을 개발하여 보건의료 및 사회복지에 관한 데이터베이스와 이용자들이 쉽게 접근할 수 있도록 '웬'(WAN: Wider Area Network)을 구축하도록 한다.

특히 보훈 서비스를 연계하는 데 절대수가 부족한 공공 이용 시설과 민간 이용 시설들을 확대 설치하여 일반 시민과 보훈가족 간의 서비스 차별이 발생하지 않도록 특별한 주의가 요망된다. 이러한 문제는 앞에서 거론한 지역 단위 협의체나 지자체 조례에서 조치할 수 있으면 좋겠다.

또한 국가보훈과 관련된 여러 기관과 조직들이 전국 방방곡곡의 지역 사적지 등 보훈 커뮤니티와 2030 세대를 통합하고 연결시키는 데 더욱 나섰으면 한다.

보훈의 세대와 X-Y-M-Z 세대가 서로의 차이를 인정하고 차별과 혐오를 넘어서야 한다. 영화 '기생충'에서 말하듯, 테칼코마니(decalcomanie)를 가재(king crab)로 이해하는 우스꽝스러운 문화가 만들어지지 않도록 해야 한다.

이런 맥락에서 고령의 참전용사를 참전 당시의 정신이 빛나도록 변신(make-over)시키는 프로젝트인 「다시 영웅(The New Veterans)」 프로그램은 기발하다. 2030 세대들이 많이 모이는 장소를 선정하여 디지털 전시와 아날로그 사진 전시회를 개최하면서 그들과의 세대 차이를 극복하려는 시도에 큰 박수를 보낸다. 영상과 이미지에 익숙한 2030 세대들에게 6·25 참전 용사에 대한 인식을 제고하고 예우를 높이면서 감사를 표현하려는 발상은 매우 이례적이다. 「다시 영웅」을 통해 자유롭고 평화로운 오늘을 선물해 주신 영웅들이 바로 우리 가까이 이웃과 인근 지역에 살아 계신다는 것을 젊은 2030 세대들이 기억하고 감사한다는 것이 바로 공동체 의식 조성의 근간인 것이다.

「다시 영웅」 프로그램에 참여한 노병들은 "나라가 없으면 나도 없다.", "나라를 지키는 일은 내가 해야 할 일이며, 뭘 바라고 한 일이 아니다.", "또 전쟁이 일어난다고 해도 나는 당장 참전할 것이다."라고 짧지만 깊은 감동의 소감을 밝히고 있다.

사람들은 꿈과 희망으로 살아간다. 우리 사회가 가난하고 힘들고 어려웠을 때 꿈과 희망을 갖게 만든 사람들은 바로「다시 영웅」 프로그램에 참여한 노병들과 같은 국가유공자들이다. 그들은 진정한 국가유공자이고, 우리 대한민국의 등불이며 존경과 희망의 사람들이라고 생각한다. 항일 의병과 광복군 그리고 그들의 후손, 한국전쟁 참전 군인과 학도병, 베트남 참전용사, 파독 광부와 간호사, 청계천 여공, 5·18민주화운동과 6월 항쟁의 시민, 조국의 서해바다를 지킨 천안함 용사들과 그 유가족 등등 이루 말할 수 없는 사람들의 꿈과 희망, 애국심이 없었다면 지금의 대한민국도 없었을 것이다.

1980년 5월 광주에서의 슬픔 또한 국민의 통합으로 이어지고 국가 공동체 의식으로 승화되어야 한다. 앞서 언급한 프랑스 방데(Vendae) 지방의 퓌뒤푸(Puy du Fou)를 광주의 5월 민주화운동과 연결하면서 다시 한번 거론해 보고자 한다.

방데 지방의 후손들은 자신들의 선조가 이끌었던 반혁명 유혈전쟁과 희생을 소재로 한 조상들의 한풀이 한마당인 '씨네쎄니' 공연에 자원봉사자(배우나 스텝, 도우미)로 참여하고 있다. 그들의 선조가 이끈 반혁명 전쟁과 혁명군에 의한 무차별 학살을 소재로 대규모 한마당 공연을 연출해 보자는 창의적인 아이디어의 표현인 것이다. 뜨거운 향토애를 바탕으로 하는 자원봉사와 방데의 아픈 역사 자원을 토대로 퓌뒤푸의 건설이라는 대역사로 귀결된 것이다. 이와 같은 창의적인 아이디어를 실천하고 지속적으로 관리하는 민관의 문화 거버넌스(governance)가 바로 프랑스 문화민주주의의 중요한 자산이라고 할 수 있다.

퓌뒤푸는 광주의 아픈 역사인 5·18을 겪은 우리에게 큰 방향성을 제시하고 있다. 광주의 큰 용서는 해불양수(海不讓水)하는 바다에 먼저 들어가는 것이다. 애국은 멀리 있지 않다. 포용과 용서는 나를 사랑하는 원점이 된다. 나를 사랑할 수 있어야 타인을 이해하고 사랑할 수 있다. 슬픔 위에 피어나는 용서는 진정한 승자의 모습이며, 어쩌면 자유 조국 대한민국 평화통일의 신호탄이 될 수 있다.

필자는 외친다. 우리 사회의 국가유공자들은 우리의 빛과 희망이다. 일제 강점기부터 6·25전쟁과 산업화, 그리고 민주화 시대를 온몸으로 견디며 살아낸 분들은 존경받아 마땅하다. 그에 걸맞은 보답과 예우를 하는 게 후손의 당연한 의무이다. 이제는 실천적인 활동이 중요하다.

무엇보다도 우리 공동체의 복지 서비스 관련 거버넌스(governance)가 전 지역과 유기체적으로 협력하고 연대하며, 탈시설과 자립, 포용과 상호의존의 공동체 정신으로 그분들을 기억하고 예우에 나서는 것이 애국하는 길이다.

우리의 지방자치 시대는 어느덧 국토 균형 발전과 분권형 국가 발전의 초석이 되고 있다. 기초자치단체인 읍·면·동-시·군·구의 복지 서비스 전달 체계의 발전과 '지역커뮤니티 통합 돌봄 체제'의 확충에 국가유공자의 희생과 공헌이 소중하게 자리매김하길 바라면서, 본 소고를 따뜻한 마음으로 읽어 주길 간곡히 바란다. 중국의 당 태종이 그의 신하 위징에게 명군과 혼군의 차이를 물었을 때 위징은 "겸청즉명(兼聽則明) 편신즉암(偏信則暗)"이라고 간결하게 답하였다. "두루두루 들으면 밝아지고 치우쳐서 믿으면 어두워진다"는 뜻이다.

국가유공자는 이 나라의 원로들이다. 그분들의 소중한 가르침은 똑똑한 리더를 만들고 국가를 부강하게 하며 국가와 국민

을 행복하게 만든다. 보훈의 정신은 지극히 낮은 자도 공경할 줄
아는 자세이다. 국가유공자를 고귀하게 받들 수 있어야 하는 것
이다.

V. 보훈복지,
국가 유지의 실천적 동력

윤승비_ 보훈교육연구원

보훈은 나라를 위해 희생하고 헌신한 분들에 대하여 보상과 예우를 하는 행위이며, 이를 위해 국가유공자와 유족들의 삶이 안정되고 양질의 삶을 살 수 있도록 복지 서비스를 제공하는 행위가 보훈복지라고 할 수 있다. 이를 통해 국민의 나라 사랑 정신이 함양되고 국가가 지속적으로 발전하고 존재할 수 있게 된다. 여기에 보훈복지의 중요성이 있다.

　이를 위해 무엇보다 보훈대상자를 위한 복지 체계에 정비가 필요하며, 대상자별 보상지원 체계가 더 정밀하게 구성되어야 한다. 그렇지 않고 보훈복지 대상자의 범위에 대하여 사회적인 합의가 이루어지지 않으면 보훈복지 대상자의 인정 여부를 둘러싼 논쟁이 벌어지기도 한다. 그렇게 되지 않으려면 현금 보상의 의미와 대상과 기준을 적합하게 체계화해야 하고, 형평성과 공정성 있는 수급 체계를 구축해야 한다.

　또한 다양한 보훈 대상자들의 특수한 영역과 상황을 고려하면서, 생활이 일정 수준 이상이 되도록 만든 본연의 취지가 퇴색되지 않게 재정비해야 한다. 다음으로, 교육과 취업, 의료와 수송 시설 이용을 위한 보호 등의 사회적인 우대 지원 서비스가 효율적으로 이루어지도록 지원 체계도 재정비해야 한다.

보훈의 새로운 미래를 만들어가려면 보훈복지 실천의 가치와 의미를 재정립하고, 대상을 명확히 하며, 보훈복지 대상자 모두가 공평한 서비스를 받도록 해야 한다. 그리고 보훈대상자는 보상의 대상자이기만 한 것이 아니라 존경의 대상이기도 하다는 사실을 드러내면서 국민들이 존경과 존중하는 자세를 갖도록 해야 한다.

국가가 국민을 대상으로 나라 사랑 정신의 함양을 위해 노력하는 것은 국가를 유지하기 위한 가장 근본적인 과제이다. 국가가 존속하기 위해서는 국방력이나 경제력도 중요하지만, 정신력도 매우 중요하다는 것을 역사는 우리에게 알려주고 있다. 이것이 이른바 국가보훈의 근간이다.

국가적 차원의 보훈은 나라를 사랑하는 정신을 함양시키고, 국가적 정체성을 제고하면서 국민을 통합하는 데 기여한다. 또한 국가의 안보를 수호하는 능력도 증대시킨다. 세계사적 사건인 한국전쟁으로 인해 참전국가의 국민들도 우리와 정서적인 공감대를 형성하고 있으며, 우리도 이들과 협력적인 상호관계 속에서 국가적 기반을 새롭게 수립해 왔다. 그 과정에 참전국과의 외교적 유대 및 네트워크 형성이라는 국가보훈 차원의 외교 또한 중시해야 한다.

이 분야는 앞으로 더욱더 강화시켜 나가야 할 중요한 과제이기도 하다. 특히 국가보훈의 외교를 경제와 정치 그리고 문화와 사회 등 각 분야로 확대하여 국가 간의 관계를 더욱 촉진하고, 자신들의 생명을 걸고 참전한 용기 있는 행위를 알리면서 우리나라와의 깊은 유대와 공감의 정서를 확대해 나가야 한다.

그리고 젊은 세대들을 중심으로 나라 사랑의 정신을 계승하고 발전시켜야 한다.

이것은 보훈복지의 미래적 수요를 예측하고 그에 대비하는 일이기도 하다. 대내외적 환경의 변화에 맞도록 보훈복지 관련 역량을 강화하고, 복지의 문화적 중요성을 알리며 이를 수행할 수 있도록 조사와 연구 그리고 교육 등을 통해 조직의 위상을 정립해야 한다.

국내외 보훈복지 관련 제도를 비교 연구하면서 보훈복지의 미래적 변화와 전망을 예측해야 한다. 그 뒤 신뢰하며 개방하는 참여적 자세로 보훈복지 체계를 구축해 나가야 한다.

보훈복지 대상자들에게 특화된 보훈복지 서비스를 제공하기 위하여 관련 전문 기관인 한국보훈복지의료공단과 연계해 더 진화된 복지 네트워크를 구축해야 한다. 가령 제대군인을 위한 보훈복지 서비스의 지원과 전직을 가능하게 하기 위한 서비스를 확대하고 병역의무에 담긴 사회적 가치를 제고할 필요가 있다. 이를 위해 우리나라의 역사에 대한 기억과 그에 기반한 체험적 학습을 병행하는 것은 당연한 일일 것이다. 글로벌 시대와 통일 시대에 어울리는 보훈복지 네트워크를 구축하고, 민족적 동질성의 회복과 평화적 환경을 조성하여 국민통합에 기여하는 보훈복지 제도를 구축해야 한다.

국가가 존속하는 한 보훈의 가치와 의미는 세대와 세대를 이어 국민의 모든 삶과 동행하게 될 것이다. 그 과정에 가장 중요한 것이 보훈복지의 실천이다. 복지의 실천이야말로 국가를 위한 공헌자의 희생과 헌신에 보답하는 근간이다. 복지는 상상과 추상의 영역이 아니라 아주 구체적인 영역이다. 복지가 국가유공자의 흔적과 정신과 의미를 후세에까지 이어가는 가장 실질적인 동력이 될 것이다.

[참고문헌]

강혜규 외, 「사회보장부문의 서비스 전달 체계 연구 : 맞춤형 서비스를 위한 통합성 분석을 중심으로」, 『한국보건사회연구원 연구보고서』, 2016.

공성진, 「보훈복지정책의 과제와 전망」, 『2008년 국정감사 정책자료집시리즈』.

구길환 외, 「보훈병원 통합의료복지 서비스가 의료이용과 의료비 절감에 미치는 효과 분석」, 『한국병원경영학회지』, 제26권 제2호, 2021.

국가법령정보센터 홈페이지 https://www.law.go.kr/

국가보훈처, 「보훈의식이 높으면 애국심과 국가 자긍심이 커진다. 약 80% 공감」, 『국가보훈처 선양정책과 보도자료』, 2021.6.29.

국가보훈처, 「보훈사적지 탐방단 '보훈의 선을 그리는 청년들' 모집」, 『국가보훈처 선양정책과 보도자료』, 2021.6.14.

국가보훈처, 「참전용사 변신(메이크오버) 프로그램 '다시 영웅(The New Veterans)' 공개」, 국가보훈처 소통총괄팀 보도자료, 2021.6.10.

국가보훈처, 「국가보훈처 2021 업무계획」, 국가보훈처, 2021.1.27.

국가보훈처, 「2020년도 이동보훈복지사업(BOVIS) 지침」, 국가보훈처 복지운영과, 2020.

국가보훈처, 「고령 보훈대상자 노후복지 정책 수요분석 및 결과 활용 방안 연구」, 2018.

국가보훈처, 「보훈처, 보훈가족 사각지대 해소를 위한 촘촘한 맞춤형 복지 서비스실시」, 국가보훈처 복지정책과 보도자료, 2018.2.13.

국가보훈처, 「보훈복지시설 활성화 방안 연구」, 2018.

국회사무처, 「제371회 정무위원회회의록」, 『국정감사회위록』, 2019.

국회사무처, 「제260회(3차)정무위원회회의록」, 『국정감사회위록』, 2006.

길현종·이영수, 「통합적 사회 서비스 전달 체계 구축방안 : 대인서비스를 중심으로」,『한국노동연구원』, 2017.

김문길,「선진국 보훈보상 및 국내 유사제도 비교」,『한국보건사회연구원』, 2017.

김명화,「왜 커뮤니티 케어인가? 전반적인 복지시스템 재정비가 필요: 노인 복지의 체계화가 당면과제」, 복지연합신문 보도자료, 2018.9.4.

김병조,「국가유공자 보훈재가복지 서비스 유형별 이용자 실태분석」,『보훈연구』제8권 제1호, 2019.

김용득,「탈시설과 지역사회중심 복지 서비스 구축, 어떻게 할 것인가?: 자립과 상호의존을 융합하는 커뮤니티 케어」,『보건사회연구』, 38(3), 2018.

김형석 외,「국가보훈대상자 인구추계 및 보훈급여금 전망: 코호트요인법을 중심으로」,『한국보훈논총』, 제19권 제1호, 2020.

마이크 샌델 저, 이창신 역,『정의란 무엇인가』, 서울: 김영사, 2009.

보건복지부·국립중앙의료원,「커뮤니티 케어 이해와 공공의료기관 참여방안 모색」, 공공보건의료인력 공공보건교육 자료집, 2019.

보건복지부·한국보건사회연구원,「제1차 돌봄안전망 혁신·통합 포럼: 돌봄의 기본 가치와 철학, 돌봄정책의 미래」, 2021.

보건복지부,「제2차 사회보장 기본계획」, 2019-2023.

보건복지부,「지역사회 통합 돌봄(커뮤니티케어) 선도사업 추진계획(안)」, 2018.

보건복지부,「지역사회 중심 복지구현을 위한 커뮤니티 케어 추진방향」, 2018.

보건복지부, 커뮤니티 케어 추진단 보도자료, 2018.

보훈교육연구원,「국가유공자 등 노후복지지원 사업평가 및 개선방안」, 2014.

김찬규,「보훈복지 활성화 방안 및 보훈복지 정책 발전 방안」, 국가보훈처, 2017.

서울지방보훈청,「2021년 현충시설 활성화(체험, 탐방)지원 공모사업 시행공고」, 서울지방보훈청 공고, 제2021-11호.

성은미 외,「사회복지 서비스 전달 체계 개선방안 연구 : 경기도 무한돌봄센터를 중심으로」,『경기복지재단 정책연구보고』, 제2012-01호.

성은미,「복지와 일자리의 통합적 제공을 위한 전달 체계 모형 개발연구」,『경기복지재단 정책연구보고』, 제2013-05호.

윤승비 외. 2021. "보훈급여금과 기초연금 운용의 합리적 방향 검토".『한국보훈논총』, 제20권 제1호, pp.9-30.

윤승비. 2021. 「'명품보훈복지'로 국격을 높여야」. 일간투데이 오피니언 칼럼(4.19)

윤승비. 2021. 「고령화시대 변화하는 보훈복지 서비스」. 일간투데이 오피니언 칼럼(6.14)

윤승비. 2021. 「보훈급여금 정책효과 증진과 불평등 해소를 위한 공제기준 재검토」. 『보훈정책브리프』. 보훈교육연구원

이영자, 「Aging In Place 개념을 활용한 보훈복지 서비스 활용에 관한 소고」, 『보훈연구』 제8권 제1호, 2019.

이영자, 「우리나라 상이제대군인(국가유공자) 지원정책에 관한 소고」, 『보훈연구』 제4권 제1호, 2015.

이영자 외, 「보훈복지 사례관리 모델 구축에 관한 연구」, 『보훈교육연구원』, 2011.

이영자 외, 「보훈의료복지통합서비스 사업운영체계 고도화에 관한 연구」, 『보훈교육연구원』, 2019.

이충렬, 「보훈복지정책의 혁신비전」, 서울: 학민사, 2005.

이혜경, 「사회복지정책 교재에 있어 '길버트와 스펙트 분석틀'의 활용에 관한 연구」, 『한국사회복지교육』, 제9권, 2009.

황미경, 「보훈복지의료 지역사회 통합 돌봄 정책 모형 연구」, 『한국보훈논총』, 제20권 제2호, 2020.

황미경, 「사회복지법제에 나타난 사회적 자본의 기능과 형성에 관한 연구: 지역사회보장 체계 구축과 지역사회 통합 돌봄의 요건」, 『사회복지법제연구』, 제11권 제2호, 2020.

황미경, 「지방자치단체의 보훈복지 서비스전달 체계 확립과 통일복지거버넌스 구축」, 『한국보훈논총』 제14권 제3호, 2015.

한국보훈복지의료공단, 『제2회 보훈병원 공공보건의료 컨퍼런스 자료집』, 2019.

한국보훈복지의료공단 홈페이지 https://www.bohun.or.kr/

한국보훈복지의료공단 https://blog.naver.com/bohun1102

인사이트 뉴스 www.insight.co.kr〉news

보훈교육연구원 보훈문화총서10

보훈복지, 정책과 실천

등록 1994.7.1 제1-1071
1쇄 발행 2021년 12월 31일

기   획 보훈교육연구원
지은이 윤승비 황미경 김종우 강영숙 변해영
펴낸이 박길수
편집장 소경희
편   집 조영준
관   리 위현정
디자인 이주향
펴낸곳 도서출판 모시는사람들
       03147 서울시 종로구 삼일대로 457(경운동 수운회관) 1207호
전   화 02-735-7173, 02-737-7173 / 팩스 02-730-7173
홈페이지 http://www.mosinsaram.com/

인   쇄 (주)성광인쇄(031-942-4814)
배   본 문화유통북스(031-937-6100)

값은 뒤표지에 있습니다.
ISBN   979-11-6629-075-6   04300
세트   979-11-6629-011-4   04300